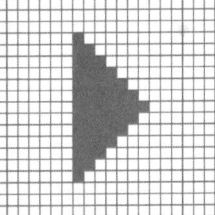

„Ich bin überzeugt, dass sich etwas bewegen muss. Nicht nur in der Wirtschaft, sondern in der gesamten Gesellschaft!"

Inhaltsverzeichnis

Einleitung

Teil I

Was treibt mich an?

Teil II

Welche Kompetenzen brauche ich?

Teil III

Wie komme ich voran?

Teil IV

Wie kann ich starten?

Abschließende Worte

Danksagung

Über den Autor

Einleitung

.Warum ich das Buch geschrieben habe

Wir leben in einer Welt, die sich in atemberaubendem Tempo verändert. Die Berechenbarkeit und die Vorhersagbarkeit von Ereignissen sind schwieriger denn je zu bewerkstelligen. Die Herausforderungen am Arbeitsplatz und im Privatleben werden komplexer. Zum einen ist das aufgrund des veränderlichen beruflichen und privaten Umfelds und zum anderen aufgrund neuer Variablen wie Achtsamkeit, Nachhaltigkeit und Diversität der Fall. „One fits all" erodiert. Es gibt nicht nur Schwarz oder Weiß - die Kombinationsvielfalt aus neuer und alter Welt bedeutet einen wahren Reichtum an Möglichkeiten, die eigene Positionierung am Markt und die Kultur im eigenen Haus auf das 21. Jahrhundert auszurichten. Aber folgende Frage bleibt: Wie sieht unsere Zukunft aus und welche Treiber spielen in diesem Kontext eine wichtige Rolle? Die Zukunft, da fängt es schon an, gibt es nicht, denn sie lässt sich nicht vorhersagen. Jedoch bedeutet Zukunft nicht automatisch Zufall, denn sie wird von und im besten Fall für Menschen gemacht. Dies gibt uns wiederum die Möglichkeit, über den Informationsaustausch Entwicklungen zu prognostizieren und Szenarien von möglichen Zukünften zu entwerfen und diese mit unternehmerischen Strategien abzugleichen.

Und in der Übersetzung von dem, was kommen mag, auf den aktuellen Unternehmenskontext, verstehe ich meine Aufgaben als Futurist, Evangelist und Keynote Speaker. Ich glaube, dass sich Unternehmen nachhaltig bewegen müssen. Dass der Blick auf und in die Zukunft geschärft werden muss, um wettbewerbs- und gesellschaftsfähig zu bleiben.

.Worum dreht sich dieses Buch?

Das Buch befasst sich im Schwerpunkt mit vier Fragestellungen:

- Welche branchenübergreifenden Veränderungen treiben uns im 21. Jahrhundert an?

- Welche unternehmerischen Kompetenzen lassen sich in diesem Zusammenhang als elementar für die Zukunft ableiten?

- Wie kann ich diesen Herausforderungen als Unternehmen begegnen?

- Womit fange ich in meinem Unternehmen an?

Von allen Erkenntnissen, die ich in den letzten Jahren gesammelt habe, ist eine wirklich gesichert:

„Für Veränderung gibt es keine Blaupause."

Daher versuche ich zum einen die ersten beiden Fragen mit präzisen Aussagen und Erläuterungen zu umreißen. Und zum anderen habe ich 28 Experten zu den Themen Veränderung, Transformation und Produkteinführung befragt. Ich möchte Ihnen diverse Blickwinkel und Ansätze an die Hand geben, damit Sie Ihre Herausforderungen richtig angehen und vor allem bewältigen können.

Dieses Buch legt seinen Fokus weniger auf theoretische Ansätze, sondern mehr auf Beispiele aus der Praxis und Perspektiven von handelnden Personen. Ich versuche die Abschnitte so kurz und klar wie möglich zu halten und Ihnen ein Gefühl für die Notwendigkeit von Veränderung zu vermitteln. Hier geht es somit nicht um Vollständigkeit, denn diese gibt es nicht, sondern es geht eher um den Impuls, Sie in Bewegung zu bekommen, Ihnen die wichtigen Kompetenzen von Morgen aufzuzeigen und Sie mit Tipps und Tricks auf Ihrem Weg zu begleiten!

„Wir Menschen sind Gewohnheitstiere und müssen uns nichtsdestotrotz mit der Situation anfreunden, dass das Leben Veränderung bedeutet und auch künftig nicht vor der eigenen Haustür stoppt."

In der Theorie ist uns das allen bewusst, praktisch fällt uns der Umgang mit Neuem und Veränderungen jedoch schwer. Sowohl ganze Organisationen als auch einzelne Individuen stehen in unserer heutigen global vernetzten Welt vor völlig neuen Herausforderungen als früher. Der Fortschritt birgt Vorteile genauso wie Nachteile. Heutzutage gelangen wir innerhalb von Sekunden an benötigte Informationen und können uns weltweit und in Echtzeit mit Menschen und Maschinen vernetzen. Diese Geschwindigkeit und diese wachsende Komplexität können allerdings zur Überforderung des Einzelnen führen. In dieser VUCA-Welt (Volatility, Uncertainty, Complexity und Ambiguity) geht es darum, Veränderungen vorauszudenken und mit zeitgemäßen Ansätzen das

Miteinander in Unternehmen neu zu definieren. Es geht aber nicht darum, alles von links nach rechts zu drehen, sondern genau darauf zu achten, wie man in seiner Organisation aufgestellt sein muss, um das jeweilige Geschäftsmodell von heute ins Morgen zu übertragen. Die Veränderung von Strukturen in einem Unternehmen ist die wohl schwierigste Aufgabe im Zuge des digitalen Wandels. Menschen, Werte, Organisationsstrukturen, Produktionsprozesse, Wertschöpfungsketten und Hierarchien wachsen über die Jahre zusammen - und für genau diese Komplexität gibt es keine Veränderungsmaßnahmen, die als Blueprint für die Zukunftsfähigkeit eines Unternehmens herangezogen werden können. Wo früher Informationen über Märkte, Kundenbedürfnisse oder Prozesse jahrelang Gültigkeit besaßen, können diese nun binnen weniger Tage nicht mehr zutreffend sein. Und um diesbezüglich die Orientierung beizubehalten, bedarf es einer Anpassung von Strukturen und menschlichen Kompetenzen an die digitale Welt des 21. Jahrhunderts.

.Für wen ist dieses Buch?

Dieses Buch richtet sich an alle Mitarbeiter, die sich mit dem 21. Jahrhundert auseinandersetzten wollen. Ebenso richtet es sich an alle Führungskräfte, die Teil einer Veränderung sind bzw. die Veränderung in Ihrem Unternehmen umsetzen. Zu guter Letzt richtet es sich an alle Unternehmensinhaber und Geschäftsführer, die vor dem Wandel stehen oder sich mittendrin befinden und Hilfestellungen benötigen. Das Buch zeigt Ihnen keinen Königsweg zur erfolgreichen Transformation auf, vielmehr bietet es Ihnen einen Raum zur Reflexion.

Ich wünsche Ihnen viel Vergnügen beim Lesen und lassen Sie mich wissen, wohin Ihre Transformation Sie geführt hat!

———

„Wäre digitale Transformation ein Kartenspiel, dann müsste man genau jetzt noch einmal den Einsatz erhöhen."

Julius Ganns, Head of Digital bei Vorwerk

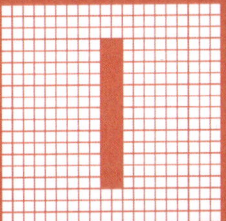

Teil I

▪ Was treibt mich an?

Wie bereits erwähnt, kann die Zukunft nicht vorhergesagt werden, jedoch können Entwicklungen - bspw. für das 21. Jahrhundert - prognostiziert werden. Die Zukunft wird von Menschen gestaltet, genauer gesagt von jenen, die nebst ihren Ideen auch die Mittel und Ressourcen besitzen, um ihre Visionen umzusetzen und in unseren Alltag zu befördern. Ob Dampflock, Auto oder Smartphone, die Menschen haben sich diese Dinge nicht gewünscht, jedoch wurden sie trotzdem über Personen wir Henry Ford oder Steve Jobs in unserem Alltag etabliert und haben die Mobilität und Kommunikation nachhaltig revolutioniert. ABER zur Veränderung gehört auch immer die nutzende, akzeptierende Seite der Kunden dazu, denn ohne Nachfrage gibt es keinen Markt. Hier treffen wir auf eine zentrale Herausforderung. Es gilt, den Kunden kennenzulernen; welche Technologien wird der Mensch akzeptieren und welche Faktoren haben Auswirkungen auf die Schnittstelle, die Kommunikation und die Erwartungshaltung in Bezug auf die Organisation, Produkte, Services und sogar auf die Gesellschaft? Es ist wichtig zu verstehen, dass der Wandel keine Einbahnstraße ist.

„Der größte Treiber der Zukunft sind wir selbst!"

Wir befinden uns aktuell an einem Punkt, an dem klimatische, demographische und technologische Treiber das 21. Jahrhundert zu einem der spannendsten, wenn nicht sogar folgenreichsten der gesamten Menschheitsgeschichte werden lassen.

Ich möchte mit Ihnen einen Blick auf die zwei großen D's werfen, die uns in den nächsten zehn Jahren vor unterschiedliche Herausforderungen stellen werden. Zum einen blicken wir auf die Digitalisierung, insbesondere im Bereich der Informationstechnologie. Zum anderen wollen wir uns dem demographischen Wandel widmen und dessen Auswirkungen auf die Organisation und Gesellschaft von Morgen analysieren. Wir wollen ebenfalls behandeln, welche Faktoren darüber hinaus den Kunden von Morgen definieren. Nur so können wir zusammenhängend verstehen, warum wir anfangen müssen, unser tradiertes Denken über das 21. Jahrhundert zu verändern.

Die großen Treiber, die auf uns Menschen und Organisationen massiv einwirken, bilden eine spannende Formel:

Informationstechnologien & Handelsabkommen = Globalisierung, Technologisierung und Wertewandel

+ Demographischer Wandel + New Work + Klimawandel + Weiter steigende Entwicklungsgeschwindigkeit

= Druck auf Organisation, Führung, Mitarbeiter, Produkte, Services und Länder

Fazit: Transformation ist kein Leuchtturmprojekt, sondern die Basis für das Morgen. Sie müssen Ihre Organisation in die Lage versetzten, die Welt mit Hilfe der neuen Werkzeuge und Möglichkeiten neu zu denken. Das Ergebnis ist offen...

Lassen Sie mich diese Formel ausführlich erklären, um Ihnen das Verständnis dieser Gleichung zu erleichtern.

Informationstechnologien werden seit Jahren in einer atemberaubenden Geschwindigkeit entwickelt. Die erste IBM-Festplatte, die vom Band rollte, besaß gerade einmal 5 MB Speicherkapazität und musste von acht Männern verlagert werden. Heute ist dies unvorstellbar, in einer Zeit, in der 5 MB oftmals nicht einmal mehr für das Speichern eines Bildes auf dem Smartphone ausreichen. Die Rechenkapazitäten haben sich während der letzten 60 Jahre exponentiell entwickelt und zum aktuellen Zeitpunkt stehen wir kurz vor dem nächsten Innovationssprung, nämlich hin zum Quantum Computing. Rechner in kompaktester und leistungsfähigster Form kommen zum Einsatz, um Auswertungen und Analysen in Bereichen zu ermöglichen, die vor wenigen Jahren noch nicht denkbar gewesen sind. Auf der anderen Seite steigt die Konnektivität. 2025 wird die gesamte Weltbevölkerung mit dem Internet verbunden sein. Im Vergleich mit heute sind das ungefähr vier Milliarden zusätzliche Nutzer. Die weltweite Datenmenge wird 2030 von ungefähr 47 Zettabyte heute (1 Zettabyte = 1 Milliarde Terabytes) auf über 600 Zettabytes angewachsen sein und bis 2035 auf über 2.000 Zettabytes.

„Exponentiell wird das neue Linear in den Bereichen Big Data und IOT."

(internet of things)

Hinsichtlich dieser beiden Treiber fungieren die wachsende Netzgeschwindigkeit und -durchlässigkeit im Rahmen von 5G als Brandbeschleuniger. Daten können in Echtzeit analysiert, ausgewertet und auf einen Use-Case angewendet werden. Als vierter Treiber, welcher die ersten drei abrundet, kommt Künstliche Intelligenz (KI) ins Spiel. Das maschinelle Lernen, beispielsweise, unterstützt die Übersetzung der Unmengen an Daten, die Bearbeitung der vielen Datenpunkte und die Geschwindigkeit der Übertragung. Auf diese Weise erhalten wir schon heute Empfehlungen für Produkte und Dienstleistungen, Wegbeschreibungen über das Navigationssystem oder gesundheitliche Warnhinweise auf dem Smartphone. In den nächsten Jahren werden all diese Facetten nicht nur besser funktionieren, da zunehmend mehr Daten in die Analyse eingebracht werden können, sondern sie werden auch deutlich umfangreicher in unseren Alltag integriert sein. Künstliche Intelligenz ist eine – wenn nicht die – Schlüsseltechnologie der kommenden Jahre und Jahrzehnte. Ihr Einsatz redefiniert die Wirtschaft, Märkte und Industrien fundamental und übt schon heute eine enorme Veränderungskraft auf digitale Geschäftsmodelle aus. KI ist derzeit der stärkste Treiber des digitalen Wandels, doch die Ausmaße dieser Transformation führen mitunter zu Unsicherheit und übersteigerten Erwartungshaltungen. Mehr denn je müssen Unternehmen deshalb verstehen: Was kann KI konkret leisten? Autonomie dient uns hier als erstes, wichtiges Stichwort.

Vom autonomen Fahren bis hin zu autonomen Organisationen wird sich das gesellschaftlich-ökonomische Spektrum, durch die vier genannten Treiber, exponentiell erweitern.

Ein weiteres Thema, welches aufgrund der erwähnten Treiber auf den Plan gerufen wird, ist das vorausschauende Agieren von Wirtschaftsteilnehmern (Predictive). Mit Hilfe von hochtechnisierten Auswertungsverfahren können zum Beispiel Krankheiten nicht nur rechtzeitig erkannt und geheilt, sondern sogar vorhergesagt werden. Predictive wird zu einem der vordergründigen

Ziele der digitalen Welt werden, denn was gemessen werden kann, das kann auch analysiert, ausgewertet und nach vorne prognostiziert werden. Bereits heute werden u.a. Lieferketten, Warenströme, Börsenkurse und Reparaturmaßnahmen anhand von Daten vorhergesagt. Diese Entwicklung ist Chance wie Risiko zugleich. Umso wichtiger wird es im 21. Jahrhundert sein, das Verständnis und das Bewusstsein für Veränderung zu schärfen.

Denn bis wohin hat uns die jetzige Entwicklung bereits geführt? Unter anderem zur Globalisierung, Technologisierung und zu einem Wertewandel.

Letzteres lässt sich an zwei, drei Beispielen (Sicherheit, Nähe und Vertrauen) eindringlich aufzeigen: Sicherheit bleibt wichtig, wird aber vor dem Hintergrund der immer schneller werdenden Entwicklungen durch andere Aspekte begründet als bisher. Historisch gewachsene Organisationen bekommen nicht mehr automatisch das Gütesiegel „Sicherheit" ausgestellt, vielmehr wird in Zukunft entscheidend sein, ob sich eine Organisation flexibel an die Veränderungen anpassen wird können. Das Beispiel der steigenden Kundenaktivitäten im Onlinebanking im Vergleich zu den tradierten Transaktionsformen in Banken zeigt diese Verschiebung sehr klar. Nähe beschreibt vor allem die Qualität und Quantität von Interaktionen – sie wird nicht mehr in Metern gemessen. Vertrauen wächst, wo Erwartungen erfüllt werden. Fachwissen ist jederzeit verfügbar, unterschiedliche tatsächliche und selbsternannte Experten streben nach Anerkennung; die adäquate Kommunikation entscheidet oftmals, wer Gehör und am Ende die Schnittstelle zum Kunden findet. Gleichzeitig verändert die Digitalisierung das Kommunikationsverhalten grundlegend. Inzwischen besitzt statistisch betrachtet fast jeder Mensch in Deutschland ein Smartphone und nutzt ganz selbstverständlich täglich das stationäre und mobile Internet. Dieser permanente Zugang zum Internet beeinflusst aber nicht bloß das Kommunikationsverhalten hinsichtlich der Kanalpräferenz. Apps und online-Portale werden SMS und Anrufen zunehmend häufig vorgezogen. Somit treten weltweite Kontakte zu anderen Personen und vor allem Unternehmen über das Internet und soziale Netzwerke in unmittelbare Reichweite. Die Globalisierung löst die Grenzen der Kommunikation vollends auf. Hierdurch sind heute bereits neue Erwartungen und Bedürfnisse der Kunden entstanden bzw. sie sind im Kommen. Die Herausforderungen im Bereich des Kundendialogs erfordern ein Umdenken. Die individualisierte Kundenkommunikation ist zum zentralen Leistungsversprechen avanciert. <u>Den Kern eines erfolgreichen Geschäftsmodells der Zukunft bildet dementsprechend ein konsequentes und reibungsloses Channel-Management, welches eine bruchlose Kommunikation über alle analogen und digitalen Kanäle hinweg ermöglicht.</u> Individualisierter Echtzeit-Kundendialog ist keine Kür mehr, sondern Pflicht.

Allein dieser kurze, in nur einem Aspekt der Kommunikation mit dem Kunden aufgezeigte Blick nach vorne veranschaulicht, dass die Technologie a) Grenzen im Bereich der Kommunikation überwunden hat, b) Kunden in eine Art technische Abhängigkeit geführt hat und c) nachhaltig Werte im Umgang mit und in der Wahrnehmung von Organisationen verändert hat!

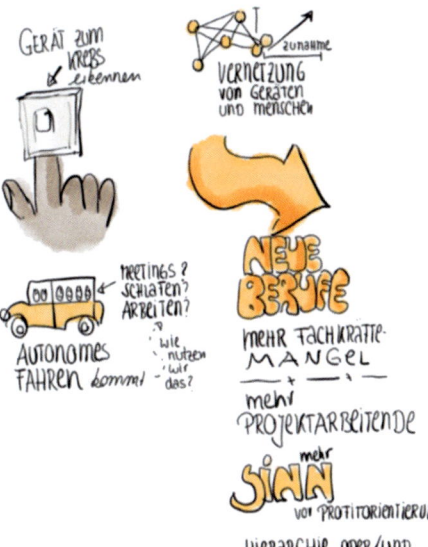

Des Weiteren löst die Digitalisierung klassische Industriegrenzen auf, da stetig neue Geschäftsmodelle auftauchen. So ist zum Beispiel der Besitz eines Fahrzeuges mindestens dreimal teurer als die gelegentliche Nutzung eines Fahrzeuges auf Leihbasis aus einem professionell betriebenen Flottenbestand. Wenn hier ein Umdenken bei den Konsumenten erfolgen wird, was aufgrund diverser Markttreiber wahrscheinlich ist, hätte dies gravierende Konsequenzen für die zukünftigen Absatzzahlen der Automobilindustrie. Auch könnte eine solche Flotte einem Versicherungsunternehmen, einer Bank oder einer Private Equity-Firma gehören. Die Schlussfolgerung aus dieser Überlegung lautet, dass eine sogenannte Disruption sehr wahrscheinlich aus einer Industrie heraus erfolgt, die mit der unternehmenseigenen Branche und dem unmittelbaren Wettbewerb gar nicht direkt verbunden ist. Deshalb ist eine Disruption für die betroffenen Unternehmen zunächst oft unsichtbar.

Und wenn das nicht schon genug wäre, gehören weitere Aspekte wie der demographische Wandel, New Work und ein neues Umweltbewusstsein ebenfalls auf die unternehmerische Tagesordnung des 21. Jahrhunderts. Wir steuern auf eine ökologische Katastrophe zu. Auch die Vorstandsbüros, Konferenzräume und Kongresse dieser Welt werden von der kollektiven Erkenntnis nicht verschont, dass eine ökologische Katastrophe zwangsläufig ebenfalls eine wirtschaftliche (und somit auch eine gesellschaftliche) Katastrophe ist. Nachhaltigkeit, Umweltschutz und Klimawandel sind daher keine Nischenthemen mehr. Klar ist: Es geht um nicht weniger als unsere Existenz. Deswegen ist Klimaschutz nicht mehr nur ein Thema für Umweltaktivisten. Die Zukunft aller Gesellschaften und aller Wirtschaftssysteme unseres Planeten hängt davon ab. Der nachhaltige Umgang mit unserer Umwelt wird zum neuen Beurteilungskriterium, ob ein Unternehmen gut oder schlecht, richtig oder falsch agiert. Im 21. Jahrhundert stehen Organisationen vor der Herausforderung, dass die Meinung Dritter zunehmend schwerer auf die Entscheidungen der eigenen Kunden einwirkt.

Ebenso massiv, wenn nicht noch schwerwiegender, sind die Auswirkungen des demographischen Wandels einzuordnen. Der Fachkräftemangel und das Fehlen von Mitarbeitern auf allen Ebenen wird zur Überlebensprobe für viele Unternehmen werden.

Heute lässt sich schon deutlich skizzieren, dass es unterschiedliche neue Arten von Mitarbeitern geben wird, sprich nicht mehr nur reine Angestellte oder klassische Selbstständige. Zum einen werden aufgrund des Fachkräftemangels neue Arbeitsbereiche wie Projektmitarbeiter entstehen, welche die erhöhte Nachfrage an Fachpersonal für sich nutzen und von Job zu Job springen werden. Auf der anderen Seite stehen wenig qualifizierte Arbeitskräfte vor der Herausforderung, in eine Art Bedeutungslosigkeit durch technologischen Fortschritt abzudriften. Daher ist es für den einzelnen Arbeitnehmer zunehmend wichtig, sich auf bestimmte Kompetenzen zu spezialisieren. In diesem Kontext ist lebenslanges Lernen als ein grundlegender Baustein zu nennen, denn den einen Job für das ganze Arbeitsleben wird es in den allermeisten Fällen nicht mehr geben.

Technologische Berufe, aber auch solche, in denen menschliche Fähigkeiten wie Kreativität und die Interpretation von Komplexität erforderlich sind, werden dominieren. Berufe, welche auf repetitiven Aufgaben basieren, werden weiterhin von Computern und Maschinen zurückgedrängt. In diesem Bereich entsteht ein Zukunftsthema, das mir persönlich große Sorgen bereitet. Ich glaube, dass sehr viele Arbeitsplätze wegfallen, die genau diesen Tätigkeiten entsprechen. Zum einen, weil sie fehlerfreier von Maschinen umgesetzt werden können, und zum anderen, weil sie schneller und effektiver gemacht werden können. Diese Entwicklung wird dazu führen, dass wir als Gesellschaft vor der Herausforderung stehen werden, diejenigen Menschen, welche wir sehr lange auf sehr stupide Arbeiten trainiert haben, in einen wertschöpfenden, kreativeren und komplexeren Kontext zu überführen. Und ich sehe momentan weder in der Wirtschaft noch in der Politik Antworten darauf, wie dies funktionieren könnte. Das macht mir Sorgen, weil wir hier über einen Großteil der Menschen nachdenken müssen und darüber, wie wir ihn befähigen, in einem ganz neuartigen Kontext zu leben und zu denken. Ebenso sind Führungskräfte im 21. Jahrhundert mit neuen Herausforderungen konfrontiert. Agiles, interdisziplinäres Arbeiten in dezentralen Teams und Strukturen verlangt nach neuen Ansätzen der Zusammenarbeit. Ob künftig mehr oder weniger menschliche Arbeitszeit als heute benötigt werden wird, ist nicht sicher. In der Vergangenheit hat der technologische Fortschritt keine nachweisbare Verminderung bewirkt, dafür aber zur intensiven gesellschaftlichen Auseinandersetzung hinsichtlich der Verteilung des Wohlstands und der Arbeitsbedingungen geführt.

Daher liegt es an uns und unseren Werten, aber auch an unserem Engagement und unserem Willen, sich der kritischen Diskussion über die richtigen Entscheidungen schon heute zu stellen, damit wir – beispielsweise durch den Einsatz der Künstlichen Intelligenz – den Wohlstand und die Autonomie aller Mitglieder der Gesellschaft erhöhen können.

Der Druck, welcher durch die Auflösung von marktspezifischen Grenzen, den demographischen Wandel, die klimatischen Auswirkungen und die weitreichenden technologischen Einsatzgebiete rasant anwächst, ist für die einzelne Organisation, die Führungskraft und den Mitarbeiter enorm. Sowohl im gesellschaftlichen als auch im individuellen Bereich nehmen die Herausforderungen genauso zu wie es die Undurchsichtigkeit tut. Um trotz all der auf uns einprasselnden Veränderungen die Orientierung beizubehalten, rückt also die Frage in den Mittelpunkt, welche Fähigkeiten Mitarbeiter und Organisationen benötigen, um zu verstehen, was ringsum geschieht? Wie können sich die Marktteilnehmer im Labyrinth der Herausforderungen und Veränderungen des 21. Jahrhunderts zurechtzufinden? Im Folgenden möchte ich Ihnen meine Gedanken hierzu mitgeben. Verstehen Sie die Kompetenzen als Zahnräder im Unternehmen, die aktiv gelebt und gestaltet werden müssen. Die erfolgreichsten Unternehmen unserer Zeit haben diese Zahnräder verinnerlicht und versuchen, diese innerhalb Ihrer Strukturen zu leben. Die Ausprägungen und Formen der behandelten Kompetenzen sind so unterschiedlich wie die Organisationen, in denen sie benötigt werden. Fragen Sie sich selbst, welche Kompetenzen Ihr Unternehmen braucht, wer sie treibt und wie Sie diese Kompetenzen permanent weiterentwickeln können.

„Wahre Veränderer stellen das Unternehmen in den Mittelpunkt der Aufmerksamkeit und aller Aktivitäten!"

―――

„Der wahrhaft siegreiche Futurist ist kein Prophet. Er besiegt nicht die Zukunft, sondern gewinnt die Gegenwart."

Bruce Sterling

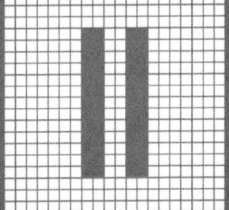

Teil II

.Welche Kompetenzen brauche ich

Um mit den bisher genannten Treibern das eigene Unternehmen auf Kurs halten zu können, bedarf es Kompetenzen, die entweder gefördert oder überhaupt erst gezielt im Unternehmen aufgebaut werden müssen.

Ist Ihr Unternehmen mit der Qualifikation Ihrer heutigen Mitarbeiter ausreichend für die anstehenden Veränderungen durch die Digitale Transformation vorbereitet?

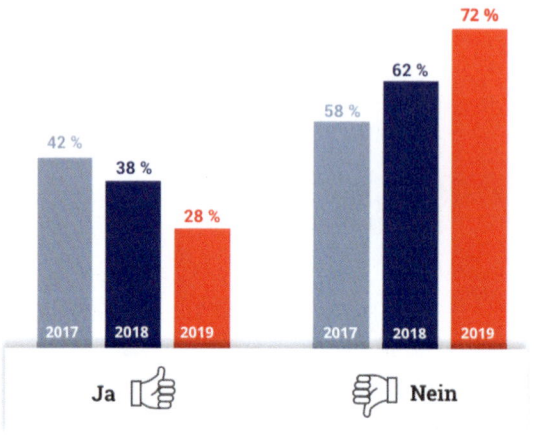

etventure-Studie
„Digitale Transformation 2019"

Der erste Teil dieses Buches zeigt, dass die für eine adäquate digitale Transformation benötigten Qualifikationen im eignen Unternehmen immer mehr in Frage gestellt werden. Abgesehen von den jeweils unternehmensspezifischen Kompetenzen, sind meiner Meinung nach fünf Kompetenzen elementar, um Veränderung in Ihrem Unternehmen erfolgreich zu implementieren. All diese Kompetenzen sind nicht neu, allerdings wohnt ihnen im 21. Jahrhundert eine neue Bedeutung inne und daher müssen sie auf den Prüfstand gestellt bzw. in den Fokus genommen werden.

▪ Innovationsfähigkeit

Die klassische inkrementelle Innovationslogik, sprich die stückweise Verbesserung des Status Quo, reicht nicht mehr aus, um die Kundenschnittstelle zu besetzen und die Kundenerwartungen nachhaltig zu erfüllen. Es bedarf einer ausgeprägten Innovationsfähigkeit innerhalb Ihrer Organisation, damit Sie Ihre Kunden im Blick behalten können und Ihre Produkte und Services neu denken können.

„Innovation ist in jedem Unternehmen vorhanden. Immerhin entspringt jedes Unternehmen einer innovativen bzw. unternehmerischen Idee!"

Wie können Sie nun die Innovationskultur in Ihrem Unternehmen beflügeln und welche Bausteine sind für das innovative Denken wichtig? Sie müssen auf diverse Aspekte achten; nämlich a) einen Raum für Innovation in Ihrem Unternehmen schaffen, b) den Austausch Ihrer Mitarbeiter intern sowie mit externen Arbeitskräften aktiv gestalten, c) die Diversifikation von Perspektiven erweitern und d) die für Ihr Umfeld passenden Methoden integrieren. Nur mit diesen Maßnahmen können Sie exponentielles Denken in Ihren eigenen Reihen festigen. Ausschließlich auf Ideen von außen zu setzen, ist fahrlässig und riskant. Warum? Starke Impulse und Ideen von außen sind wichtig, da Sie neutrale und unvoreingenommene Perspektiven brauchen, jedoch nützen diese nichts, wenn die Mitarbeiter und Führungskräfte diese Impulse und Ideen nicht annehmen. Die Mitarbeiter und Führungskräfte sind als Schnittstelle zur Überführung neuer Impulse und Gedanken zu verstehen und sie benötigen einen langen Atem, um Veränderung im Unternehmen nachhaltig zu treiben bzw. überhaupt zu entfachen.

Darüber hinaus ist die rechtzeitige Einplanung benötigter Ressourcen im Rahmen der Budgetentscheidungen wichtig. In den allermeisten Fällen bestehen keine gesonderten Budgets und Ressourcen für Innovationen. Nur wer Innovation zum festen Bestandteil seiner Organisation macht, kann dadurch Wettbewerbsvorteile generieren. Sie werden es nicht schaffen, sich u.a. mit der technischen Seite als auch mit der für Sie relevanten Kundensicht auseinanderzusetzen, wenn Sie die dafür benötigten Ressourcen nicht zur Verfügung stellen und einplanen.

Warum ist es meiner Meinung nach so wichtig, sich mit Innovation auseinanderzusetzen und diese fest innerhalb der Organisation zu verankern? Was würden Sie sagen, wenn ich Sie fragen würde: Wie wird sich Ihr Geschäftsmodell in den nächsten zehn Jahren verändern? Wahrscheinlich werfen Sie das Rücklicht an und blicken in die Vergangenheit. Wahrscheinlich fragen Sie sich, was sich in den letzten zehn Jahren bereits verändert hat, um Ihre gewonnenen Erfahrungen folglich auf die Zukunft zu projizieren. Als Ergebnis erhalten Sie - im erfolgreichen Fall - eine linear ansteigende Kurve Ihrer Geschäftszahlen. Das ist der von mir erwähnte inkrementelle Entwicklungsprozess.

Die gleiche Frage könnte ich diversen Experten aus den unterschiedlichen Fachbereichen Ihres Unternehmens stellen und würde so vermutlich zu einem völlig anderen Ergebnis kommen. Der Grund hierfür ist, dass die bereichsspezifischen Auswirkungen auf Ihr Geschäftsmodell, beispielsweise aus rein technologischer Sicht, anders - vielleicht sogar exponentiell - eingestuft werden können. Und hier entsteht eine Innovationslücke, die es zu schließen gilt. Diese kann jedoch nur von Personen geschlossen werden, welche die bereichsspezifischen Auswirkungen generalistisch einschätzen und deren Hebelwirkungen auf Ihre Organisation ableiten können. Ein sehr gutes Beispiel liefert die Blockbuster-Industrie; eine ehemals erfolgreiche Industrie, die von Jahr zu Jahr enorm gewachsen ist. Dann kam der Streaming-Dienst Netflix auf den Markt, dessen potentielle Hebelwirkung von der Blockbuster-Industrie völlig falsch eingestuft wurde. Das Gefahrenpotential dieser neuen Technologie wurde nicht erkannt und folglich konnte deren Hebelwirkung nicht auf das eigene Geschäftsmodell angewendet werden. Dies hat wiederum zur Insolvenz einer ganzen Branche geführt. Und im Zuge des 21. Jahrhunderts wird es noch viel wichtiger werden, die Gefahren und Hebelwirkungen von Technologien und Ähnlichem richtig einzustufen und sich mit ihnen ausgiebig auseinanderzusetzen.

Für mich persönlich bedeutet Innovationsfähigkeit, das eigene Unternehmen jeden Tag aufs Neue vor dem Aus zu bewahren. Dafür muss ich mich aber kontinuierlich mit den sich verändernden politischen-, gesellschaftlichen-, technologischen-, klimatischen- und diversen weiteren geschäftsbeeinflussenden Veränderungen befassen. Und um dies ganzheitlich leisten zu können, benötigen Sie eine weitere elementare Kompetenz; die Digitalisierungsfähigkeit.

▪Digitalisierungsfähigkeit

Nebst der Innovationsfähigkeit ist die Kompetenz, das eigene Geschäftsmodell ins 21. Jahrhundert zu überführen, unabdingbar. Natürlich gibt es auch das ein oder andere Geschäftsmodell, welches offline und komplett ohne Digitalisierung überleben wird, allerdings werden das in Zukunft absolute Ausnahmen sein. Selbst ein analoges Produkt benötigt die digitale Welt, damit der Kunde einen Zugang zu diesem Produkt haben kann. Und wenn ich von Digitalisierungsfähigkeit spreche, dann meine ich weder die Überführung von Excel-Tabellen in CRM-Programme noch die Einführung von Office 365 und schon gar nicht das Programmieren einer neuen Website im Internet. Ich spreche davon, sich als Unternehmen auf die digitale Welt einzulassen und bewusst mit dieser auseinanderzusetzen. Sie müssen beispielsweise ein Verständnis von Plattformökonomie besitzen, um in ihr wirklich erfolgreich wirtschaften zu können. Ebenso müssen Sie Technologien in Bezug auf deren Möglichkeiten verstehen und anwenden können. Um diese Kompetenz im eigenen Unternehmen aufzubauen, benötigen Sie drei elementare Grundsteine; Wissen, Menschen und eine funktionierende IT-Infrastruktur. Mit diesem Dreieck an Expertise, fachlicher Ressource und laufenden IT-Systemen können Sie die eigene Organisation auf ein neues Level heben.

Diese Fähigkeit wird im eigenen Unternehmen allerdings oft falsch eingeschätzt, was wiederum zu negativen Auswirkungen in der Zukunft führen kann. Eine aktuelle Accenture-Studie aus dem Jahr 2020 hat festgestellt, dass die Mehrheit der deutschen CEOs ein großes Vertrauen in die Effektivität ihrer IT-Systeme hat - gleichzeitig wird das mit diesen Systemen umzusetzende Wachstum in den kommenden Jahren als begrenzt eingestuft. Dies liegt oft daran, dass Investitionen in Technologien nicht voll ausgeschöpft werden. Das zeigt auch das Ergebnis dieser Studie, denn nur zehn Prozent der Unternehmen treffen optimale Entscheidungen hinsichtlich ihrer Technologieinvestitionen und -einführung. Eine solche Kompetenzlücke kann teuer werden, denn Unternehmen, die bessere Entscheidungen in diesem Bereich treffen, erzielen mehr als doppelt so hohe Umsatzwachstumsraten und können auf längere Sicht Marktanteile Ihrer Unternehmung abgraben. Darüber hinaus erachte ich in diesem Zusammenhang das Timing Ihrer Aktivitäten als extrem wichtig. Für eine optimale Strategie müssen Sie die grundlegenden Technologien, die für Sie relevant sind, erstmal identifizieren und deren Implementierung mit Blick auf ihre unternehmensweiten Auswirkungen priorisieren - gemäß einem Fahrplan. In der Accenture-Studie wurden 8.300 Unternehmen befragt und einerseits diejenigen ermittelt, welche den größten Nutzen aus ihren Tech-Investitionen ziehen („Vorreiter"), und andererseits diejenigen, welche das nicht schaffen („Nachzügler"). Gerade einmal 10 Prozent der Unternehmen zählen zu der Gruppe der Vorreiter, deren Umsatz mehr als doppelt so schnell wächst, wie es bei den Nachzüglern der Fall ist. Im Jahr 2018 haben sich die Nachzügler-Unternehmen 15 Prozent ihres möglichen Jahresumsatzes entgehen lassen. Sollten diese Unternehmen nichts an ihrer Situation ändern, wird sich diese Zahl bis 2023 voraussichtlich auf 46 Prozent erhöhen.

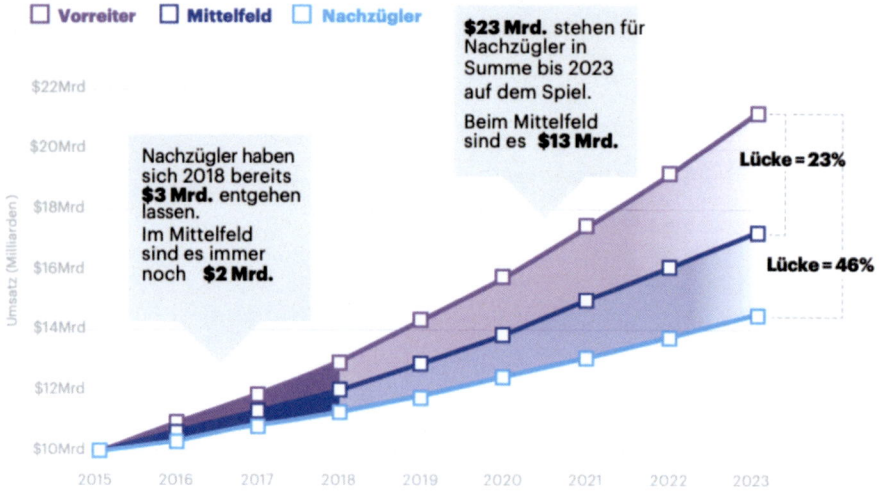

https://www.accenture.com/de-de/insights/future-systems/enterprise-innovation-model

Die Digitalisierungsfähigkeit Ihres Unternehmens ist der Maßstab, an dem künftig gemessen wird, inwieweit Sie es schaffen werden, mit der Veränderung und dem Wettbewerb Schritt zu halten.

Ebenso hat die Digitalisierungsfähigkeit sehr viel mit Vernetzungsfähigkeit zu tun. In einer global vernetzten Welt geht es nämlich darum, sowohl Informationen, den Austausch als auch die Prozesse miteinander zu verbinden, um die Kundenschnittstelle, die Lieferketten, die Produkte und/oder die Geschäftspartner mit den jeweils relevanten Informationen zu versorgen.
Digitalisierungsfähigkeit ist daher mehr als nur die reine Anschlussfähigkeit an die rasanten Veränderungen auf den Märkten. Sie ist auch ein Indikator dafür, ob Sie überhaupt in der Lage sind, Ihre Produktwelt und Ihr komplettes Geschäftsmodell neu zu denken. Ein klassisches Beispiel ist das Verlagswesen. Durch den digitalen Fortschritt und den demographischen Wandel sind viele Verlagshäuser in Bedrängnis gekommen. Das eigene Geschäftsmodell aufrechtzuerhalten, fiel ihnen in den vergangenen Jahren und Jahrzehnten zunehmend schwer. Hier wird eindringlich klar, dass Digitalisierungsfähigkeit

gleich Überlebensfähigkeit bedeutet. Um das eigene Geschäftsmodell zu digitalisieren; ist folgende Kompetenz grundlegend wichtig, und zwar die Veränderungsfähigkeit.

.Veränderungsfähigkeit

In diesem Kapitel geht es mir darum, in Ihrem Unternehmen den Prozess der Reflexion zu starten respektive zu fördern. Warum? Wir müssen lernen, zu verlernen. Tradierte Denkmuster reichen nicht aus, um die neue, digitale Welt erfolgreich zu bestreiten. Hierfür werden beide Denkformen benötigt, nämlich die klassische und die moderne. Das Problem ist, dass viele Unternehmen versuchen, die neue, digitale Welt mit tradierten Denkmustern zu bewältigen. Und das funktioniert nur bedingt - wenn überhaupt.

Ein wichtiger Punkt ist, dass Veränderungsfähigkeit sehr viel mit Vertrauen zu tun hat. Vertrauen in Menschen, Maschinen und generell in ein gutes Ergebnis. Wir Menschen sind Weltmeister im kritischen Denken und im Zeichnen von Dystopien. Ebenfalls sind wir Gewohnheitstiere und Veränderung ist generell schon mal nichts Gutes für uns – so sieht es zumindest unsere archaische Programmierung vor. Diese Einstellung (Mindset) muss sich wandeln, wenn wir unternehmerischen Erfolg anstreben. Das Leben bedeutet Veränderung und sehr viele Veränderungen, die auf den ersten Blick oftmals als negativ bezeichnet wurden, haben uns in eine Wohlstandsgesellschaft geführt. Dieses Thema ist somit auch gesellschaftlich relevant und nicht nur in Bezug auf Ihre Organisation. Veränderungsfähigkeit ist das Bindeglied zwischen allen fünf von mir aufgezeigten Kompetenzen, ohne die eine Transformation nicht möglich ist.

Ein Beispiel: Sie haben alles dafür getan, um Ihr Unternehmen innovativ aufzustellen, und parallel haben Sie Möglichkeiten geschaffen, die Digitalisierung Ihrer Organisation auf unterschiedliche Weisen voranzutreiben. Sprich die Kompetenzen der Innovationsfähigkeit und Digitalisierungsfähigkeit sind vorhanden, aber es ist keine Veränderung des Mindsets durchgeführt worden. Folglich bleibt die Transformation Ihres Unternehmens aus. Das ist ein Zustand, in dem sich aktuell sehr viele Unternehmen befinden. Warum? Weil die Veränderungsfähigkeit im Kern, bei den Mitarbeitern, nicht gelebt wird.

Dieses Problem ist in unterschiedlichen Konstellationen zu beobachten. Man kann Innovation-Labs als Beispiel nehmen: Gut ausgebildete Fachkräfte werden zusammengetrommelt, mit den benötigten Werkzeugen ausgestattet und dazu angehalten, das Geschäftsmodell in die Zukunft zu überführen. Der Fehler; die Rückkoppelung zur Muttergesellschaft ist weder kulturell noch hinsichtlich des Mindsets gegeben. Die Denkmuster der einen Seite (Innovation-Labs) sind zu weit vom Kerngeschäft entfernt und auf der anderen Seite (Muttergesellschaft) wird die Kommunikation vernachlässigt. Oder nehmen wir als Beispiel die Teams aus dem Mittelstand, die losgeschickt werden, um neue Formen der Arbeit, des Produktes, des Geschäftsmodells etc. zu entwickeln. Sie kommen mit Ideen zurück und prallen gegen Wände, werden zurück in die alten Strukturen geschickt und sollen das Neue, wenn überhaupt, auf Basis der tradierten Strukturen in die Organisation tragen. Hier scheitern die meisten Ansätze einer Veränderung bereits in einer frühen Phase, denn die auftraggebenden Unternehmen sind nicht bereit, den Wandel ernsthaft anzugehen.

Unternehmen, in denen die Geschäftsführung und die Führungskräfte nicht offen für Veränderung sind, werden die Transformationsphase nicht angehen bzw. erfolgreich bestreiten und das Geschäftsmodell aufgrund dieses Verhaltens nachhaltig gefährden.

Ebenso erachte ich es als eine wichtige Aufgabe der Geschäftsführer einer Gesellschaft, das eigene Unternehmen für das 21. Jahrhundert anpassungsfähig zu machen. Es ist oft nicht die stärkste oder die intelligenteste Spezies, die überlebt, sondern diejenige, die es schafft, sich am schnellsten an eine Veränderung anzupassen. Und da Veränderung unterschiedlich geartet sein kann, müssen Sie alle Formen etwaiger Veränderungen in Betracht ziehen und Ihr Unternehmen adäquat auf diese potentiellen Unsicherheiten vorbereiten.

Die Bereitschaft zur Veränderung innerhalb Ihres Unternehmens können Sie mit Hilfe einer transparenten und guten Kommunikation sowie über Diversifikation und Austausch direkt erhöhen. Denn nur wer weiß, warum er sich verändern sollte, wird sich auf den Weg machen.

Es liegt an den jeweils handelnden Personen, die Themen richtig zu präsentieren und die Mitarbeiter für neue Wege zu begeistern. Ist ein gemeinsamer Weg erst mal gefunden, gilt es, das Unternehmen konsequent in diese Richtung zu bewegen. Und hierzu bedarf es der nächsten Kompetenz, und zwar der Verantwortungsfähigkeit.

. Verantwortungsfähigkeit

Sie tragen die Verantwortung für Ihr Unternehmen und Ihre Mitarbeiter. Darüber hinaus tragen Sie Verantwortung gegenüber Ihren Kunden, zumindest in Hinsicht auf Ihre Produkte oder Services. Ebenso gilt es, im 21. Jahrhundert die Nachhaltigkeit, die Ressourcen und die Enkelfähigkeit unseres Planeten im Fokus zu behalten. Nein zu sagen, Marktbedingungen entgegenzutreten und für eine gute Sache einzustehen, sind zwingend notwendige Verhaltensweisen! Aktuell hat das World Economic Forum seinen Risikobericht veröffentlicht, in dem Experten und Expertinnen ein Ranking der größten Gefahren für die Weltgemeinschaft erarbeitet haben. Auf den ersten fünf Plätzen stehen erstmals ausschließlich Phänomene, die durch den Klimawandel verursacht werden; von extremen Wetterereignissen bis hin zum Verlust der Artenvielfalt. Im Anschluss folgen technologische Herausforderungen wie Datendiebstahl und Cyber-Attacken. Das World Economic Forum warnt insbesondere davor, dass das Prinzip Security by Design für viele Technologieanbieter derzeit nicht an erster Stelle steht - und dass es deshalb vor allem im Bereich Internet of Things (IoT) vermehrt zu Cyber-Angriffen kommt. Allein in der ersten Hälfte des Jahres 2019 ist die Zahl der Attacken auf IoT-Geräte um 300 Prozent gestiegen.

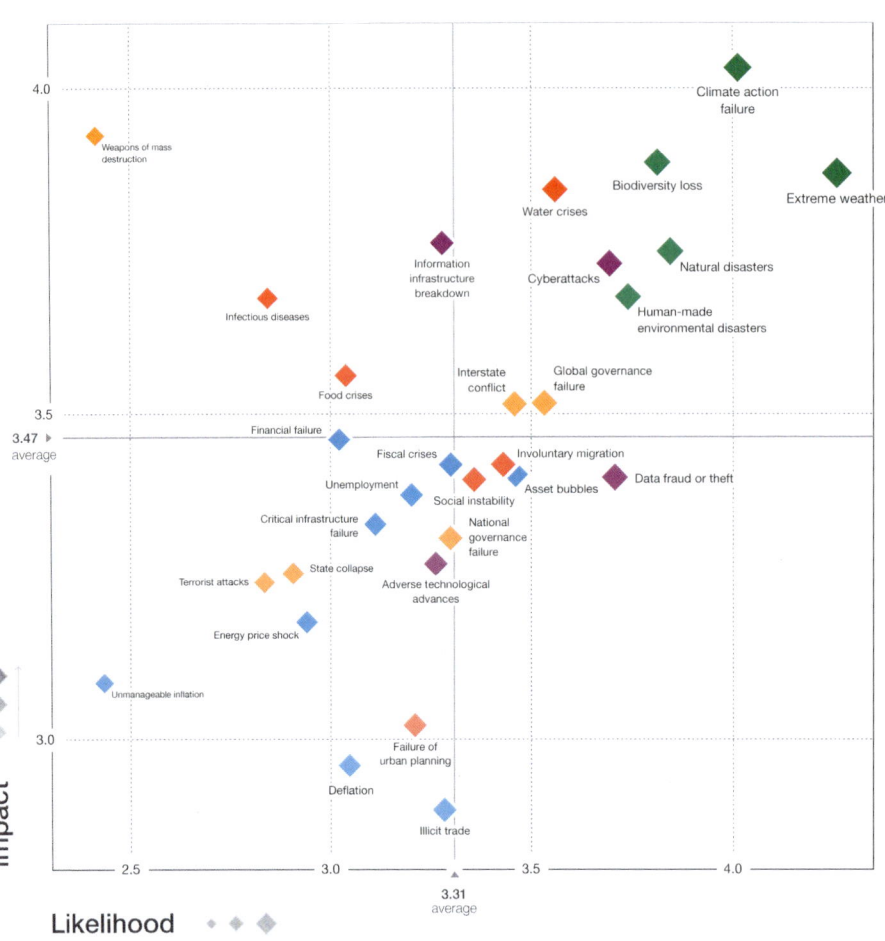

Figure II: The Global Risks Landscape 2020

Auszug Global Risk Report 2020, World Economic Forum

Es ist daher wichtig, für die Ausrichtung Ihres Unternehmens eine Langzeitperspektive einzunehmen. Nur so können zielgerichtete Entscheidungen im Heute getroffen werden. Und das nicht nur in Bezug auf die aktuellen und sehr großen Themen, sondern auch, wenn es um Ihr Geschäftsmodell der kommenden 10 Jahren geht. Entscheidungen, welche auf die langfristige Zukunft ausgerichtet sind, können allerdings oftmals konträr zu den kurzfristigen Unternehmenszielen respektive Entscheidungen ausfallen, die im Sinne der Shareholder und der Rendite-Absichten getroffen werden. Im Zuge meiner Tätigkeit als Berater habe ich sehr oft erlebt, dass Entscheidungen vertagt oder auf die nächste Generation beziehungsweise Legislaturperiode übertragen wurden. Das können Sie sich aufgrund der heutigen Geschwindigkeit auf den Märkten nicht mehr erlauben.

Kurzfristig gedachte Entscheidungen hinsichtlich des Geschäftsmodells oder die Vertagung von Veränderungen können gefährlich für das Unternehmen werden, da unter den kurzfristigen Entscheidungen oftmals die langfristige Überlebensstrategie des Unternehmens leidet.

„Verantwortung bedeutet Mut zum Risiko – denn Angst wird zum grössten Risikofaktor ihres Unternehmens!"

Darüber hinaus hat Verantwortungsfähigkeit viel mit Vertrauen zu tun! Sie müssen Themen und Entscheidungen abgeben, um sich wiederum mit den für Sie relevanten Aufgaben und Herausforderungen beschäftigen zu können. Sehr viele Geschäftsführer arbeiten überhaupt nicht am, sondern ausschließlich im Unternehmen. Die Folge ist: Aufgrund der permanenten Brandbekämpfung im operativen Umfeld bleibt keine Zeit, um die Strategie in Form einer Langzeitperspektive auszurichten. Um dies alles leisten zu können, braucht es Mitstreiter im Unternehmen und von außen. Was uns zur letzten Kompetenz führt; der Teamfähigkeit.

▪ Teamfähigkeit

Human-digitale Teams werden künftig den Arbeitsalltag der meisten Unternehmen prägen, unabhängig von der Branche. Zahlreiche Tätigkeiten werden automatisiert sein - vor allem einfache, mechanische Tätigkeiten wie z.B. Fließbandarbeiten, aber auch heutiges Expertenwissen wird zunehmend durch Algorithmen geleistet und von Robotern übernommen. Die wichtigsten Fähigkeiten Ihrer Mitarbeiter sind daher der Umgang mit smarten Kollegen - welche zunehmend häufig auch autonom Entscheidungen treffen und Verantwortung übernehmen - sowie Softskills im zwischenmenschlichen Bereich.

Führungskräfte bekommen diesbezüglich eine wichtige Rolle zugewiesen, wie in Kapitel III noch umfangreich beschrieben werden wird. Zusammengefasst geht es weniger darum, die Richtung zu bestimmen und Antworten auf unternehmerische Fragen zu liefern, sondern vielmehr darum, ein Team zu führen, es leistungsfähig zu halten und in letzter Instanz auch die Zügel loszulassen. Die Aufgaben eines Bundesliga-Trainers liefern eine passende Analogie. Ein Trainer bekommt von seinem Verein diverse Aufgaben, das Budget sowie einen bestehenden Kader zugewiesen. Es liegt an ihm, das Potenzial des

Teams mit Hilfe von Systemen, Werten und Training eigenständig und individuell anzuheben. Ebenso hat der Trainer die Aufgabe, bestimmte Positionen mit neuen Mitspielern zu besetzten. Ein Trainer kann auf sehr vieles einwirken, nur auf die entscheidenden 90 Minuten nicht, denn während der Spielzeit ist er begrenzt handlungsfähig und muss auf die Fähigkeiten seines Teams vertrauen. Was in diesem Vergleich so spielerisch und einfach wirkt, stellt im operativen Geschäftsumfeld eine hohe Hürde dar, die es zu überqueren gilt. Was können Führungskräfte diesbezüglich also tun? Sie können sich zum Beispiel selbst hinterfragen und überlegen, ob Sie häufig genug zuhören anstatt zu reden, Empathie zeigen, Feedback fördern, führen und sich führen lassen, klar und transparent kommunizieren und Win-win-Situationen in Ihren Teams schaffen. Aber schon diese vermeintlich simple Form der Selbstreflexion ist in den meisten Fällen nicht gegeben, denn 90% der Führungskräfte sind der Meinung, dass Sie gute Führungskräfte sind. Prinzipiell ist das gut, jedoch bleibt die Selbstreflexion aufgrund einer solchen Selbsteinschätzung und aufgrund tradierter Denkmuster (in Bezug auf Führung) allzu häufig auf der Strecke.

Darüber hinaus werden Teams in Zukunft viel dezentraler und interdisziplinärer aufgestellt sein. Und für ein erfolgreiches Zusammenspiel der einzelnen Teams müssen Sie als Unternehmen das „Spielfeld" und die Rahmenbedingungen schaffen, damit Sie die richtigen Mitarbeiter in den jeweiligen Teams haben und Ihre Teams die gewünschten Ergebnisse erzielen können.

„Culture is key to your employee."

In Zukunft kann auch das Thema Holokratie für Sie interessant werden. Das bedeutet: Führen ohne Chef – die Verantwortung liegt beim Team, wobei die Teams aus Festangestellten, Freiberuflern und künstlichen Intelligenzen bestehen, die über den gesamten Globus bzw. das Internet verteilt sein können. In so einem System ist die Kultur eines Unternehmens ein besonders wichtiger Faktor für das erfolgreiche Zusammenspiel von Mensch und Maschine.

Teamfähigkeit bedeutet somit einerseits, die Führungskräfte darauf auszurichten, ihre Mitarbeiter zu befähigen, zu inspirieren und zu fördern. Und andererseits bedeutet Teamfähigkeit, die gesamte Organisation darauf einzustellen, dass Teams im 21. Jahrhundert nicht mehr nur aus Menschen respektive Angestellten bestehen müssen, sondern auch aus digitalen Leistungsträgern.

„Alle Kompetenzen arbeiten auf ein Ziel hin – Ihr überleben!"

Und wie Sie sicherlich schon gemerkt haben, ist es mit den Kompetenzen so, dass sie einzeln betrachtet zwar wichtig und erfolgsfördernd sind, allerdings bewirken sie nur im Zusammenspiel das benötigte MOMENTUM, um eine positive Veränderung im Unternehmen voranzutreiben. Daher gilt es darauf zu achten, all die genannten Kompetenzen in Ihrem Unternehmen zu fördern, neu zu beleben bzw. zu integrieren.

https://www.flickr.com/photos/122135325@N06/14194296290/

Dieses Bild zeigt im Ansatz, was die digitale Transformation letztendlich ausmacht, und zwar der Übergang von einem Status zu einem anderen. Und genau hierfür benötigen Sie sowohl kompetente Mitarbeiter als auch die technischen Voraussetzungen, um Ihr Geschäftsmodell zukunftsfähig zu machen.

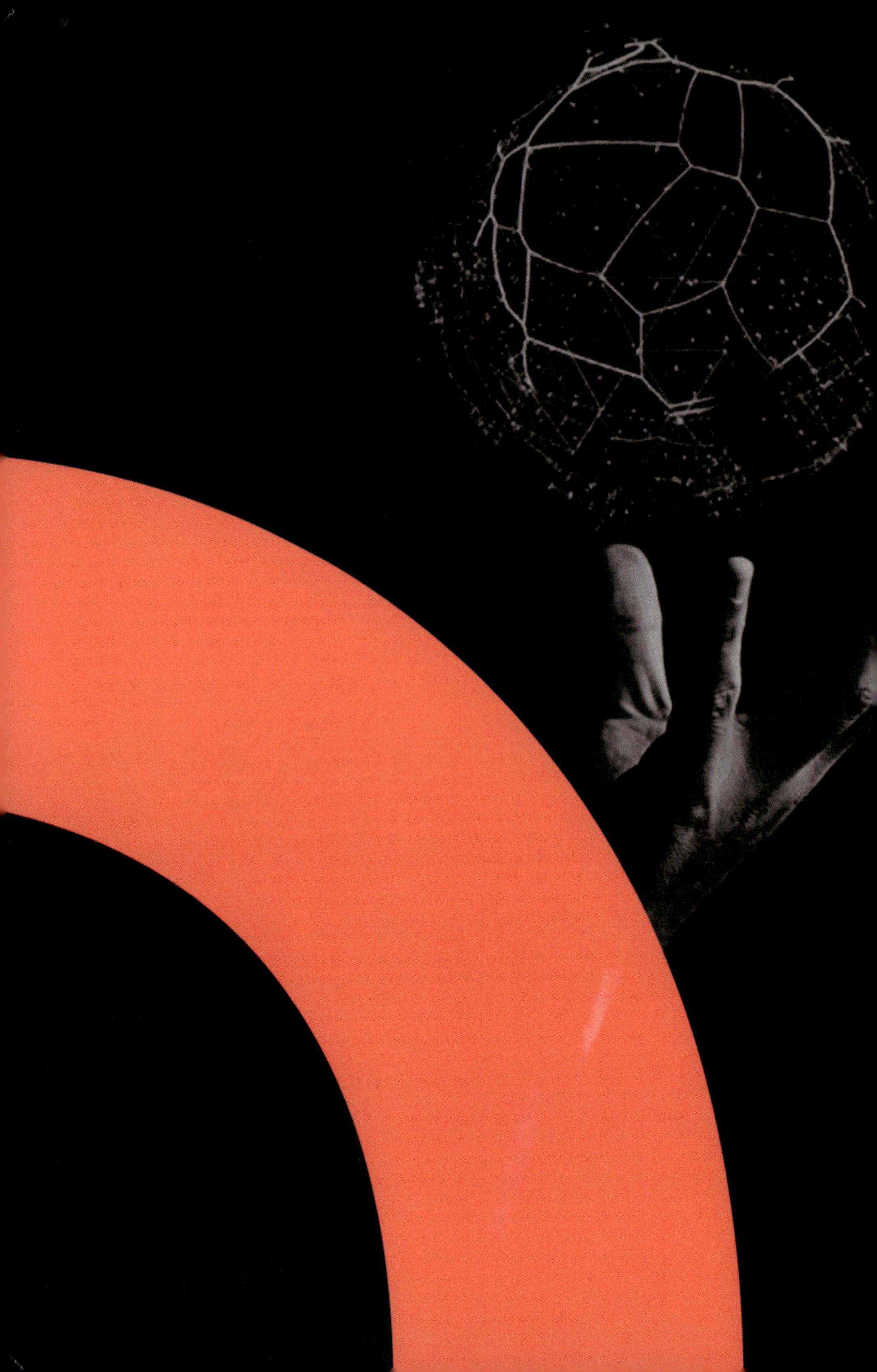

———

„Die Zukunft ist kein Ort, zu dem wir gehen, sondern eine Idee in unserem jetzigen Bewusstsein. Sie ist etwas, das wir erschaffen und das uns dabei verwandelt."

Stephen Grosz

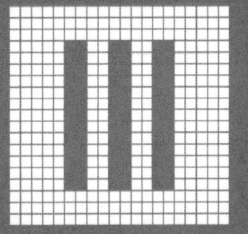

Übersicht der Interviewpartner —

Johann Freilinger	46	Nicola Breyer	105
Claudia Bechstein	54	Dr. Michael Durst	106
Tina Voß	58	Jonas Lindemann	113
Jürgen Walleneit	62	Paul Nitsche	118
Thomas Ötinger	65	Christian Wehner	122
Tea Meiner	69	Oliver Fedtke	126
Martin J. Fröhlich	73	Aileen Moeck	130
Kai Gondlach	78	Frank Legeland	133
Julian Knorr	81	Dr. Sabine Johannsen	137
Dr. André Größer &		Florian Ahle	140
Christian Zingg	85	Stephan Grabmeier	145
Frederik Peters	93	Benjamin Bartoli	150
André M. König	97	Barbara Possinke	154
Joi Regenstein	103	Saskia Grossmann	157

Teil III

. Wie komme ich voran?

Um Ihnen darauf eine Antwort geben zu können, habe ich nicht nach der einen gesucht, denn diese gibt es nicht. Ich möchte Ihnen eher Ansätze und Gedanken mit an die Hand geben, welche im besten Fall zu Ihnen und Ihrem Unternehmen passen. Anhand von 28 Perspektiven von Experten habe ich Ideen und Ansätze für Veränderung und Transformation für das 21. Jahrhundert zusammengetragen.

Im Fokus der Gespräche standen folgende Fragestellungen:

- Wie können Veränderung, Transformation oder die Entwicklung neuer Geschäftsmodelle im Unternehmen gelingen?

- Welche sind die größten Hindernisse in diesen Bereichen?

- Was bedeutet Führung im 21. Jahrhundert?

- Transformation - 5 % Digitalisierung und 95 % der Mensch?

- Transformation in einem Satz?

Anhand dieser Fragen beziehungsweise anhand der erhaltenen Antworten möchte ich Ihnen dabei helfen, Fehler zu vermeiden, den eigenen Weg zu gestalten und mit dem Wandel im eigenen Unternehmen besser umgehen zu können.

Johann Freilinger

ist Vice President für Product + Innovation bei SAP. Seine Aufgabe ist, die Anforderungen an Software für aktuelle Unternehmensbedürfnisse und für die schon jetzt absehbaren, zukünftigen Herausforderungen frühzeitig zu identifizieren.

?__ Wie können Veränderung, Transformation oder die Entwicklung neuer Geschäftsmodelle im Unternehmen gelingen?

Es gibt aus meiner Sicht kein Unternehmen, das nicht von der digitalen Transformation betroffen ist oder sein wird. Eine grundsätzliche Frage, die ich als Unternehmen immer wieder neu stellen muss, ist deshalb: Wie und mit welchem Geschäftsmodell würde ich mich selbst angreifen? Oder positiv formuliert: Mit welchem Geschäftsmodell kann ich mein volles digitales Potential abrufen? Die Antworten auf diese Fragen sind oft außerhalb der eigenen Industrie/Branche und vielleicht auch außerhalb der Landesgrenzen zu finden. In jedem Fall können mit Hilfe einer derartigen, kritischen Hinterfragung des

Status Quo diverse theoretische Szenarien sichtbar gemacht werden, die das bestehende Geschäftsmodell in Frage stellen bzw. neue erfolgversprechende Geschäftsmodelle aufzeigen. Nur wer sich die Antworten auf diese Fragen erarbeitet hat, kann Veränderung sinnvoll einleiten und das Potential seines Unternehmens vollständig ausreizen.

Veränderung (Change) kann durch Innovationsdruck ausgelöst werden, aber auch durch andere Faktoren wie zum Beispiel durch die Notwendigkeit gesteigerter Kosteneffizienz. Zu berücksichtigen ist, dass die technologische Veränderung der gesellschaftlichen Veränderung vorausgeht. Technische Machbarkeit bedeutet deshalb nicht automatisch sofortige Akzeptanz. Das ist der Grund, warum das Timing von essentieller Bedeutung ist. Ein Beispiel für die Produkteinführung liefert die Elektromobilität – hier kann das Timing der deutschen Automobilindustrie durchaus kritisch diskutiert werden. Erfolg aus der Vergangenheit kann zu einer ernsten Behinderung werden. So hat sich, beispielsweise, die deutsche Ingenieurskunst über Jahrzehnte einen beachtlichen Vorsprung im Bereich der Verbrennungsmotoren erarbeitet. Wie wir wissen, besteht der Verbrennungsmotor aber aus wesentlich mehr Bauteilen als ein vergleichsweise einfach zu bauender und aus wenigen Bauteilen bestehender Elektromotor. Bedenkt man die rasante Entwicklung der Batterietechnologie, können die zu erwartenden Veränderungen in Bezug auf den Verlust des Technologievorsprungs und auf die Anzahl der Arbeitsplätze in der Automobilindustrie beträchtlich ausfallen.

Es stellt sich also die Frage nach dem Timing, einerseits, um einen Übergang zu ermöglichen, der sozialverträglich ist und der Automobilzuliefererindustrie Zeit zur Veränderung gibt, und andererseits, um die internationale Wettbewerbsfähigkeit und den technologischen Vorsprung zu erhalten oder neu aufzubauen.

Worauf gilt es besonders zu achten?

Inkrementelle Innovation reicht nicht aus. In der Zukunft wird Erfolg nicht mit der Verbesserung von Geschäftsmodellen aus der Vergangenheit erreicht werden. Nehmen wir mal die für Deutschland so wichtige Industrie des Maschinenbaus als Beispiel. In der Vergangenheit genügte es, exzellente Maschinen zu entwickeln, zu bauen und zu verkaufen. Von jeder Generation wurde gelernt, um eine nächste, bessere Generation zu entwickeln.

Robotic Process Automation verändert dieses Modell. Maschinen sind mittlerweile online und in der Regel in einen Maschinenpark eingebunden. Die generierten Daten ermöglichen nicht nur eine punktgenaue Wartung, entsprechend höhere Service-Margen für den Maschinenbauer und folglich niedrigere Betriebskosten für den Produzenten. Was sich hier vor allem verändert, ist das Geschäftsmodell. Statt des Erwerbs einer Maschine kann die tatsächliche Nutzung, zum Beispiel in Form von Betriebsstunden, berechnet werden. Statt eines Marktes für Maschinen entsteht ein Kapazitätsmarktplatz. Ich muss die Maschine nicht besitzen, um zu produzieren. Die einzelne Maschine ist Teil eines digitalen Netzwerkes oder, wenn man so will, einer Plattform, welche die Wartung, den Betrieb und die daraus resultierende Abrechnung automatisiert und auf Basis von Algorithmen - d.h. unter Zuhilfenahme von Künstlicher Intelligenz - analysiert, lernt und abwickelt. Maschinenbau ist natürlich nur ein Bespiel. Zur Entwicklung von neuen Geschäftsmodellen und neuer Produkte und Dienstleistungen ist die industrieübergreifende Beschäftigung mit den Bereichen Plattformökonomie und Künstliche Intelligenz unverzichtbar.

Was ist deiner Meinung nach der größte Fehler in Veränderungsprozessen?

Aus Unternehmenssicht geht es darum, die extrem schnellen externen Veränderungen mit den unternehmensinternen Veränderungen zu synchronisieren. Somit ist die Strategie in diesem Sinne als permanent dynamisch zu betrachten und nicht als statisch. Ein wesentlicher Fehler ist oft, dass die externe Veränderung unterschätzt und die interne Wandlungsfähigkeit des Unternehmens überschätzt werden. Investitionen in den strategischen Horizont 3, also in die weiter entfernte Zukunft, fallen im Schnitt zu niedrig aus. Es gilt eine realistischere und zukunftssichere Balance zu finden, um das bestehende Geschäftsmodell zu skalieren und gleichzeitig neue Geschäftsmodelle aufzubauen.

New Work ist in aller Munde – wie unterscheidet sich deiner Meinung nach die Führungskraft der Zukunft von der heutigen?

Welche Skills von welchem Unternehmen bevorzugt werden und welche Anreizsysteme und welche Organisationsstruktur wir vorfinden, hängt wesentlich von der Phase im Lebenszyklus des jeweiligen Unternehmens ab.

In einem Start-up werden meist mehrere Aufgaben von einer Person bewältigt, die organisatorische Struktur ist einfach, die Prozesse sind größtenteils undefiniert, die Hierarchien sind flach und die Gründungsidee ist der Hauptmotivator. All das verändert sich, wenn das Geschäftsmodell erfolgreich ist und das Unternehmen skaliert. Einzelne Aufgaben werden jetzt von einzelnen Spezialisten bewältigt, die organisatorische Struktur ist zum Beispiel in einer Matrix oder divisional gegliedert, die Hierarchien sind ausgeprägt und der Fokus liegt auf quantitativer Zielerreichung von Bereichen, Abteilungen und einzelnen Mitarbeitern.

Unternehmenspolitik nimmt dann einen nicht unerheblichen Teil der Arbeitszeit ein und Mitarbeiter denken in der Regel eher darüber nach, wie sie ihre eigenen, persönlichen Zielvorgaben erreichen und wie sie in die nächsthöher gelegene Box in der Matrix kommen, als darüber, wie das Unternehmen mit neuen Geschäftsideen erfolgreicher sein könnte. Dafür gibt es auch keine Anreize. Das System insgesamt ist im Zuge einer Skalierung der bestehenden Geschäftsidee auf die fortlaufende Optimierung der monetären Performanz ausgerichtet. Die Mitarbeiter sind in diesem Lebenszyklus des Unternehmens folgerichtig Experten darin, quantitativ immer bessere Ergebnisse auf Basis des Bestehenden zu erzielen, nicht aber unbedingt darin, neue innovative Geschäftsmodelle zu entwickeln.

Clayton Christensen beschreibt die Zunahme der Mitarbeiter mit hohen Delivery Skills (Skalierung des Geschäftsmodells) und das Verschwinden von Mitarbeitern mit ausgeprägten Discovery Skills (Neue Geschäftsmodelle) im Lebenszyklus auf anschauliche Weise und hat hierzu in seinem Buch Innovators DNA einen einfachen Selbsttest veröffentlicht. Die Skills schließen sich nicht wechselseitig aus, aber es gibt bei den meisten von uns eine klare Prädisposition in eine Richtung.

Das ist wohl auch ein Grund dafür, dass man regelmäßig beobachten kann, dass die Gründer von Start-ups ihre Unternehmungen nach dem Erreichen einer bestimmten Zielgröße verlassen. Das ist aber auch ein Grund dafür, dass Unternehmen, deren Geschäftsmodell ausläuft und die gezwungen sind, neue Geschäftsmodelle zu entwickeln, Schwierigkeiten haben, dies allein mit den Skills der zu diesem Zeitpunkt vorhandenen Mitarbeiter zu tun.

Insgesamt halte ich es für erstaunlich, dass sich HR-Abteilungen oft allein auf die fachlichen Qualifikationen konzentrieren, nicht aber auf eine Balance, zum Beispiel zwischen Delivery- und Discovery-Skills, die jeweils zu einem gewissen

Grad erlernbar sind. Gleiches gilt auch für die emotionale Intelligenz (EQ) bei Führungskräften oder für die Qualifikation zur Führung anderer Menschen an sich. Aus meiner Sicht gilt es, auch diese Qualifikation in Theorie und Praxis zu erwerben, so wie man es in anderen Bereichen auch tut. Vielleicht ist auch hier eine Prädisposition des Einzelnen vorhanden, aber grundsätzlich sind Führungsqualitäten nicht angeboren. Sie sind aber erlernbar.

Transformation – 5 % Digitalisierung und 95 % der Mensch – worauf kommt es wirklich an?

Der erste Teil der Frage irritiert mich. Wenn unsere Gesellschaft sich mit den Folgen der Digitalisierung intensiv, konstruktiv und auf der Basis unserer Werte und unseres demokratischen Grundverständnisses auseinandersetzt, worauf ich zutiefst vertraue, und jedes Mitglied unserer Gesellschaft als Ergebnis der Digitalisierung mehr Autonomie, Freiheit und Wohlstand gewinnt, ist nicht das „Wie viel davon der Mensch?" die Frage, sondern das „Was?".

Als 18-jähriger bin ich mit einem Falk-Plan auf den Knien und in einem Käfer durch Paris gefahren. Meine Töchter wissen wahrscheinlich noch nicht mal mehr, was das ist, geschweige denn, wie die Falttechnik dieser Straßenkarte funktioniert. Wenn Sie den Weg nicht kennen, werden Sie heutzutage navigiert, so wie es mein Auto auch für mich leistet. Ist dieser Wissensverlust gleichzusetzen mit Autonomieverlust? Ich meine; nein. Was ich damals machen musste, war gefährlich. Gleichzeitig in unbekannter Umgebung zu fahren, Straßennamen zu lesen und diese mit dem Plan abzugleichen, hat die Unfallgefahr erhöht. Wenn wir jetzt aber von der Assistenzfunktion der Navigation einen Schritt weitergehen und uns fragen, ob wir erlauben wollen, dass ein Fahrzeug auf Basis von Algorithmen autonom entscheidet, ob es bei technischem Versagen der Bremsen in eine Fußgängergruppe rast, weil dann die Insassen überleben, oder ob es – wenn das die einzige Alternative ist – in eine Betonwand rast, mit umgekehrtem Ergebnis, dann würde ich klar Nein sagen. Das ist definitiv keine Entscheidung, die wir einer Maschine überlassen können. Das „Was entscheidet die Maschine?" ist deshalb die entscheidende Frage.

Transformation in einem Satz - wie lautet dieser?

Immerwährender technologischer, unternehmerischer und gesellschaftlicher Wandel, den es verantwortlich und zum Gewinn aller Mitglieder einer Gesellschaft gemeinsam und mit persönlichem Engagement nachhaltig zu gestalten gilt.

Claudia
Bechstein

ist eine international gefragte Moderatorin und angehende Wirtschaftspsychologin. Dank ihres Fachwissens und ihrer charmanten Art hat sie sich einen festen Platz auf den Veranstaltungen der ganz großen Unternehmen erarbeitet.

?_ Du bist auf den unterschiedlichsten Konferenzen unterwegs und hast über die letzten Jahre allerlei mitbekommen - welche Tipps würdest du heute Unternehmern geben, die vor einer Transformation stehen?

Ich habe die Erfahrung gemacht, dass sich vor allem viele kleine Unternehmen mit diesem Thema schnell überfordert fühlen. Sie sind verunsichert und stellen sich die Fragen: „Was kommt da eigentlich auf mich zu? Alles verändert sich in schnellem Tempo; die Technik, die Kundenansprüche, das Marketing. Wie soll ich da überhaupt folgen können?" Ich kann mir vorstellen, dass diese Anforderungen an die Zukunft für viele Unternehmer eine Hürde darstellen. Es ist wichtig, die Digitalisierung und Transformation erst einmal zu akzeptieren. Denn diese

Entwicklungen sind an sich weder gut noch schlecht. Es hilft zudem, das ganze Thema in Teilaspekte herunterzubrechen. Was passiert da überhaupt auf dem Markt? Wo stehe ich mit meinem Unternehmen? Wo will ich in Zukunft hin und was möchte ich erreichen? Und vor allem: Wie erreiche ich das? Ich empfinde es als wichtig, sich hinsichtlich dieses komplexen Themas auszutauschen und Hilfe bei Experten zu suchen. Man kann nicht alles alleine stemmen.

Was sind deiner Meinung nach die größten Fehler in Veränderungsprozessen? Welche werden auf Konferenzen diskutiert?

Einer der größten Fehler ist, jedem Trend nachzurennen und alles auf einmal umsetzen zu wollen. Ich muss erst einmal entscheiden, welche der vielen Optionen, die es heutzutage gibt, für mich relevant ist. Unsere Welt wird täglich digitaler, vernetzter und smarter. Und das muss in den Führungsetagen verstanden werden. Oft wird die Transformation zwar irgendwie gewollt und halbherzig artikuliert, aber nicht ernsthaft vorangetrieben und gelebt. Veränderungsprozesse sollten sich übergreifend durch das ganze Unternehmen ziehen. Vom Mitarbeiter, über Kunden und durch jede Abteilung hindurch. Transformation erfolgreich zu integrieren heißt auch, Dialog zu führen, sich auszutauschen. Man kann nicht 1 zu 1 eine Vorlage adaptieren. Jedes Unternehmen muss Instrumente wählen, die zu seinen Zielen passenden, sowie eine eigene, individuelle Strategie verfolgen. Die Führung sollte steuern und inspirieren. Starre Hierarchien, Intransparenz und das nicht-Einbeziehen von Mitarbeitern und Kunden sind meines Erachtens elementare KO-Kriterien.

▪ New Work ist in aller Munde – wie unterscheidet sich deiner Meinung nach die Führungskraft der Zukunft von der heutigen?

Ideal ist, wenn Führungskräfte als Vorbilder gelten und einen engen Draht zu ihren Mitarbeitern aufbauen. Vorbilder in der Hinsicht, offen für Feedback zu sein, einen lebenslangen Lernprozess zu unterstützen sowie flexibel reagieren zu können. Diese Einstellung überträgt sich bestenfalls auf Teams und einzelne Mitarbeiter. Im Team lernen, sich weiterbilden, Workshops belegen und das gewonnene Wissen gemeinsam in das Unternehmen einbringen sind gute Faktoren, um erfolgreich in die Zukunft blicken zu können. Starre Hierarchieebenen sind meines Erachtens veraltet. Niemand fühlt sich durch monotone Anweisungen inspiriert, einen guten Job zu machen. Flexible Arbeitszeitmodelle und mobiles Arbeiten können dies wiederum sicherlich leisten. New Work hält Einzug in die Unternehmen. Ich kann mir aber vorstellen, dass dies gerade für die ältere Führungsgeneration eine Herausforderung darstellen kann, die gewohnten Muster aufzubrechen und Strukturen zu hinterfragen. Auch hier ist es wichtig, sich Inspiration von außen einzuholen und offen für Neues zu bleiben.

▪ Transformation – 5 % Digitalisierung und 95 % der Mensch – worauf kommt es wirklich an?

Erst einmal kommt es auf den Menschen an. Er ist wichtiger als die Technik. Die Technik alleine ist nicht die Lösung. Wir müssen entscheiden, wann, wie und wozu genau wir sie nutzen. Aber zu den 95 Prozent Mensch würde ich noch 100 Prozent Einstellung ergänzen. Denn wenn ich nicht positiv, offen und flexibel auf Transformationsprozesse eingestellt bin, dann verändert sich auch nichts oder es endet in einem Desaster. Mehr denn je sind heute Kreativität und Flexibilität gefragt. Somit reicht es nicht, einfach nur die besten technischen Mittel einzusetzen. Der Treiber eines Wandels sollte die Lösung eines Problems oder das Erreichen von Zielen sein. Das setzt eine intensive Analyse voraus. Übrigens: Auch aus Fehlern kann man sehr gut lernen.

Ich habe während einer Moderationsvorbereitung folgende Sätze gelesen: „Digitalisierung ist eine Haltungsfrage" und „Veränderung ist die neue Konstante". Diese Aussagen empfand ich als sehr treffend. Ich würde die zweite Aussage noch folgendermaßen ergänzen: „Veränderung ist immer die Konstante." Der Mensch ist seit jeher in Bewegung und das sollten wir nicht vergessen. Dadurch entwickeln wir uns weiter.

Transformation in einem Satz – wie lautet dieser?

Transformation bedeutet für mich; der Weg in eine neue Dimension, welcher mit einem holistischen und dauerhaften Wandel verbunden ist.

Tina Voß

ist Geschäftsführerin der Tina Voß GmbH. Hier werden alle Aspekte rund um Mitarbeiter- und Personalbewerbung sowie Zeitarbeit erforscht.

? Welche wichtigen Tipps würdest du Unternehmen geben, die vor einer Transformation stehen?

Wir haben den Veränderungsprozess vor zwei Jahren angeschoben und aus heutiger Sicht gibt es mehrere Themen, die ich gerne ansprechen würde. Zunächst einmal möchte ich festhalten, dass man die Umstellung eines IT-Programms nie unterschätzen sollte. Lieber den doppelten Aufwand einplanen – aber das ist nur ein Randthema.

Im Endeffekt ist es gar nicht so schwer. Man muss die Mitarbeiter in die Lage versetzen, den Wandel zu begreifen und zu gestalten, vor allem ist es aber wichtig, sie zu involvieren. Ganz oft haben Mitarbeiter nämlich viele eigene Ideen und Vorstellungen. Des Weiteren ist es wichtig, alles, was man macht, zunächst im Kleinen zu erproben. Es gibt eine Bank, die gesagt hat: „Bei uns ist das

Thema agile Teams ein Riesenthema. Das rollen wir sofort auf alle aus, damit alle sehen, dass wir das ernst meinen." Da sehe ich einen Fehler. Agil zu sein ist in manchen Bereichen wichtig, aber nicht in allen Abteilungen. Zum Beispiel benötigt niemand eine agile Gehaltsabrechnung. Das sind einfach Prozesse, die gemacht werden müssen. Da muss man sich nicht jeden Tag zusammensetzen, um sich zu überlegen, was man Neues machen kann. Auf die Mitarbeiter hören, alle mitnehmen und immer wieder mit allen sprechen, das sind die zentralen Aspekte. Folgende Frage sollte immer wieder in den Fokus gerückt werden: War das, was wir geändert haben, erfolgreich? Anhand solcher Feedbackrunden kann eine Änderung Stück für Stück durchgeführt werden. Wenn man überstürzt handelt, so wie es die Bank gemacht hat, gehen ggf. bewährte Prozesse verloren und die Mitarbeiter sind frustriert.

Wie habt ihr es geschafft, die Mitarbeiter mitzunehmen? Ging das rein über Kommunikation?

Beim ersten Mal sind wir gegen die Wand gefahren. Als wir eine tolle Idee hatten, wie wir Prozesse neu strukturieren können, sind wir das angegangen und haben gedacht, dass das für alle Beteiligten eine Verbesserung bringen würde. Aus unserer Sicht war das teilweise auch so. Aber nicht nur das Thema Prozesse ist wichtig. Wir arbeiten sehr nahe am Menschen und deshalb können wir nicht plötzlich beschließen, dass wir auf einmal eine prozessgesteuerte Fabrik für Personal sind. Das haben wir damals falsch eingeschätzt. Wir haben anschließend eine Bestandsaufnahme gemacht und mit jedem einzelnen Mitarbeiter gesprochen. Wir haben gefragt, was ihn glücklich macht und was er nicht so gerne tut: „Wie möchtest du deinen Arbeitsplatz gestalten und was denkst du, wie wir in die Zukunft gehen können? Was ist deine Idee dazu?" Die gesammelten Informationen haben wir zusammengeführt. Wir hatten einen unglaublich guten Berater, der einfach nur zugehört und uns anschließend einen theoretischen Unterbau aufgezeigt hat. Dann mussten wir nur noch losmarschieren. Wir brauchten zu diesem Zeitpunkt nur eine Theoriebegleitung in der Bestandsaufnahme. Mit diesem Wissen haben wir uns im Unternehmen zusammengesetzt, einen Zukunfts-Workshop gemacht und besprochen, wie die aktuelle Situation war und wo es hingehen sollte. Wir haben gemeinsam Ideen gesammelt und die neuen Strategien entworfen.

Wir alle haben aus unseren vergangenen Fehlern viel gelernt und deshalb im zweiten Anlauf vieles anders und besser gemacht.

New Work ist in aller Munde – wie unterscheidet sich deiner Meinung nach die Führungskraft der Zukunft von der heutigen?

Der Bewerber- und Mitarbeitermarkt ist eng geworden. Und Bewerber und Mitarbeiter haben andere Ansprüche als früher. Diese Ansprüche heißen zum Beispiel: „Ich möchte einen Sinn in meiner Arbeit haben, ich möchte in einem Team arbeiten und ich möchte dieses mitgestalten." Mitarbeiter wollen mitbestimmen. Was eine gute Führungskraft machen muss, ist ein Coach zu sein. Das bedeutet, auf die Mitarbeiter zu hören, moderieren zu können und Leitplanken vorzugeben. Das hierarchische Denken, das wir alle von früher kennen, nach dem Motto „Lehrjahre sind keine Herrenjahre", würde ich komplett zur Seite packen. Das funktioniert vielleicht noch in militärischen Einheiten: „Nimm die Brücke ein, schieße alle tot." Da wird nicht danach gefragt, ob es einem gut dabei geht, sondern das ist dann halt das To-do. Aber in allen anderen Branchen sollte eine Führungskraft Mentor, Unterstützer und Moderator zugleich sein.

❓ Transformation – 5 % Digitalisierung und 95 % der Mensch – worauf kommt es wirklich an?

Wir hatten in der Vergangenheit einen Digital-Coach. Dieser hatte als Einleitung zu einem Workshop gesagt: „Digitalisierung hat nichts mit Technik zu tun." Ich finde, das trifft es ganz gut. Die Technik ist zwar als Grundvoraussetzung für den Wandel zu verstehen, aber den Menschen würde ich mit mindestens 90% an Wichtigkeit beziffern. Die Technik, sprich die restlichen 10%, ist nur die Plattform. Wenn die Menschen mit der Technik nicht umgehen können, dann nützt die beste Technik nichts. Das ist mit einem Fahranfänger zu vergleichen, der in ein High-End-Auto hineingesetzt wird. Er kann höchstens sagen: „Wow, der Sitz ist aber bequem." Aber das Cockpit, mit all seinen Innovationen, mit denen der Fahranfänger nicht vertraut ist und vielleicht auch keine Lust hat, sich damit zu beschäftigen, bringt ihn nicht voran. Das Auto wäre dann an der Stelle für die Katz. Deswegen muss man Mitarbeiter schulen, mitnehmen, Begeisterung wecken und ihnen immer wieder zeigen, dass Veränderung stets auch Chancen bereithält. Wir sind Deutsche und sehen zuerst die Risiken. Wir müssen hier über unsere Schatten springen und uns mehr für die Chancen begeistern. Die Digitalisierung und das Internet werden nun für immer bleiben. Wir müssen uns mit diesen Errungenschaften beschäftigen. Und dann sollten wir uns am besten an die Spitze der Veränderungen setzen, statt zögerlich hinterherzulaufen.

❓ Transformation in einem Satz – wie lautet dieser?

Digitale Transformation ändert alles. Sie ändert die Art und Weise, wie wir leben und arbeiten.

Jürgen Walleneit

ist Mr. Brand Management. Jürgen führt Marken aus der analogen Welt ins Digitale.

Welchen Fehler machen Unternehmen mit ihren Marken?

Viele Marken haben in den vergangenen Jahrzehnten hervorragende Arbeit hinsichtlich deren Imagepflege, Markenführung und Nutzerbindung geleistet. Jedoch finde ich, dass die meisten Marken in ihrer Entwicklung in den 90ern stehengeblieben sind. Bei einer modernen, digitalisierten Marke spürt man fast schon, dass diese niemals stehengeblieben ist, wie zum Beispiel Red Bull. Ich kann dir auch noch ein anderes Beispiel nennen. Eine meiner Lieblingsmarken ist Heineken. Für Heineken haben wir früher zwei Jahre lang im Promotion-Bereich gearbeitet. Die Arbeitsweise dieses Unternehmens war schon damals innovativ. Danach habe ich Heineken nicht mehr aus den Augen gelassen. Diese Marke ist heute immer noch hyper-innovativ und sie ist in ihrer Entwicklung nie stehengeblieben. Heineken erfindet sich immer wieder neu. Das ist das, was die meisten Marken falsch machen. Und genau dieser Aspekt lässt sich sehr schön auf die Transformation von Unternehmen übertragen - es geht darum, sich neu zu erfinden!

Alle reden von New Work. Welche Skills benötigen Führungskräfte, um die Marke bzw. das Unternehmen ins neue Jahrzehnt zu überführen?

Das fängt damit an, dass man die leitenden Personen der Marken erst mal von der analogen Kette lässt. Diese Kette muss gesprengt werden. Jedoch sollte man nicht alleinig für die Führungsebene eine neue Unternehmenskultur einführen, sondern für alle Mitarbeiter. Die Kommunikation der unternehmensrelevanten Themen muss auf Augenhöhe stattfinden - nicht nur im Bereich der Marke. Diese Umstrukturierung fängt ganz oben an, beim CEO, und muss bis ins letzte Glied transportiert werden. Im Prinzip müssen sich sämtliche Mitarbeiter im Unternehmen einander wieder neu annähern. Eine transparente Kommunikation erachte ich daher als sehr wichtige Eigenschaft von Führungskräften.

Es gibt Stimmen, die behaupten, dass der technische Fortschritt nur einen kleinen Bruchteil des Themas Transformation ausmacht - um die 5 Prozent. Die größte Herausforderung soll angeblich sein, den Menschen mitzunehmen. Teilst du diese Ansicht?

Nicht in diesen Gewichtungen. Wenn du 5 Prozent Technik sagst, ist das meiner Meinung nach zu wenig. Die menschliche Komponente ist die Entscheidende, jedoch ist die technische nicht zu unterschätzen. Ich habe gemerkt, dass du dich intensiv mit der Technologie auseinandersetzen musst, um dein Geschäftsmodell skalieren zu können. Und du skalierst nicht über den Mitarbeiter, sondern über das Team. Das Team muss wiederum hochmotiviert und hochspezialisiert sein.

Und dazu brauchst du Tonnen an Technik. Dabei handelt es sich um andere Technik, als noch vor fünf Jahren, denn es geht kaum noch um Hardware oder Software, sondern viel mehr um Blockchains und Artificial Intelligence. Das bedeutet Mathematik, Physik und Programmiertechnik ohne Ende. Ich kann mir daher beim besten Willen nicht vorstellen, dass 5 Prozent Technik eine adäquate Zahl sein soll.

?_ Das Thema der digitalen Transformation ist unfassbar umfangreich und komplex. Wie würdest du digitale Transformation mit einem einzigen Satz definieren?

Hört auf Dieselfahrzeugen zu fahren! Oder noch besser; schneidet den Zopf bis auf die Glatze ab und lasst euch neue Haare wachsen.

Thomas Ötinger

ist geschäftsführender Gesellschafter der marcapo GmbH, die mit über 170 Mitarbeitern auf lokale Markenführung und Marketingportale spezialisiert ist.

❓ Welche wichtigen Tipps würdest du Unternehmen geben, die vor einer Transformation stehen?

Mir fallen zwei Aspekte ein. Wenn man sein Unternehmen transformieren möchte, ist es einerseits natürlich wichtig, seine Zielgruppe und das Hauptproblem der Zielgruppe im Auge zu behalten, damit man dieses auch lösen kann. Dabei sollte die Frage „Warum soll die Zielgruppe bei mir kaufen?" im Fokus stehen. Das ist der eine Aspekt. Der zweite Aspekt ist, dass jedes Unternehmen seine Mitarbeiter mit auf die Reise des Transformationsprozesses mitnimmt. Hier muss besonders auf die zwischenmenschlichen Beziehungen geachtet werden. Jeder einzelne muss das Warum des ersten Aspekts mittragen und alle müssen mithelfen, die unternehmensintern definierten Ziele umzusetzen.

❓ Wie habt ihr es geschafft, für eure Company ein Warum zu definieren, dem alle folgen?

Das war ein spannender Prozess. Wir haben tatsächlich mit all unseren Führungskräften einen großen Positionierungsprozess durchgeführt. Dafür haben wir uns auf einem Berg in der Rhön drei Tage und Nächte von 9 bis 23 Uhr eingeschlossen. Es ging drei Tage lang nur darum, wie wir das beste Unternehmen und der beste Problemlöser für unsere Mitarbeiter und Kunden-Zielgruppe werden können. Zudem haben wir den unternehmensrelevanten Engpass im Allgemeinen sowie die internen beziehungsweise externen Engpässe definiert. Wir haben darüber gesprochen, wo wir schon Kompetenzen haben und wo uns noch welche fehlen. Natürlich haben wir auch in die Glaskugel geschaut, um zu sehen, was die Herausforderungen der Zukunft sind, und besprochen, welche Probleme auf uns zukommen könnten. Während des ganzen Prozesses haben wir viel gearbeitet und wenig geschlafen und im Endeffekt haben wir ein grandioses Ergebnis erzielt. Somit habe ich meine komplette Führungsgruppe dazu bewegt, die Transformation im Unternehmen voranzutreiben.

❓ Welche sind deiner Meinung nach die größten Fehler, die man machen kann, wenn es um Veränderungsprozesse geht? Ist es wirklich A: „Keine Vision zu haben?" oder B: „Am Anfang keine kritische Masse in diesen Prozess zu involvieren?"

Wenn du kein Warum hast und nicht auf die Zielgruppe fokussiert bist, wirst du scheitern. Wenn du dich ausschließlich auf deine eigenen Probleme fokussierst und nur diese löst, bringt dich das nicht weiter. Meiner Meinung nach gibt es Unternehmen nur, damit sie Probleme für Menschen lösen. Glaubt man dieser These, dann scheitert der Unternehmenserfolg vor allem dann, wenn nur wenige Leute davon erfahren, was eigentlich der Sinn und Zweck des Unternehmens ist –

weil man die potentiellen Kunden nicht gut genug informiert. Das Vorhaben und das Warum einmal zu erklären, ist gut, aber wenn Menschen diese Vision nicht teilen, kann es zu einem Misslingen des Veränderungsprozesses kommen. Vor allem ist das bei jungen Menschen der Fall. Wenn junge Menschen kein Warum haben, passiert gar nichts. Für Geld machen junge Menschen sehr wenig.

■ Wie habt ihr es geschafft, Transparenz zu erzeugen?

Tatsächlich nur mit Hilfe von persönlichen Workshops. Das heißt, dass wir viele Workshops veranstaltet haben, im Rahmen derer jeder Mitarbeiter seine Ideen hinsichtlich unserer Vision beziehungsweise der operativen Umsetzung beitragen konnte. Dank dieser Workshops wurden sehr viel persönliche Gespräche geführt.

■ New Work ist in aller Munde – wie unterscheidet sich deiner Meinung nach die Führungskraft der Zukunft von der heutigen?

Sie unterscheiden sich fundamental voneinander. Eine Führungskraft hat früher viel über Hierarchien nachgedacht. Sie hat sich Gedanken darüber gemacht, in welchen Büroräumen die Mitarbeiter sitzen, ob sie ein Einzelbüro zur Verfügung bekommen, wie viel Budget vorhanden war und Ähnliches. Heute ist das anders. In der heutigen Zeit ist die Führung eine Dienstleistung. Die Führungskraft dient den Mitarbeitern, damit diese besser werden und wachsen können. Mit anderen Worten heißt das, dass eine Führungskraft den einzelnen Mitarbeiter dazu bringen soll, in dem, was er tut, noch besser zu werden.

❓ Transformation – 5 % Digitalisierung und 95 % der Mensch – worauf kommt es wirklich an?

Ich sehe das sehr ähnlich. Des Weiteren ist die Frage wichtig, wie wir den Menschen mitnehmen, sodass er diese Technik einsetzt – beziehungsweise wie die Kommunikation zwischen Mensch und Mensch adäquat gestaltet werden kann. Am Ende muss eine Wirkung erreicht werden. Technik allein führt zu keiner Wirkung, wenn der Mensch sie nicht einsetzt. Und wenn die Technik – in meinen Augen – richtig eingesetzt wird, dann geschieht dies stets zum Wohle der Menschheit.

❓ Transformation in einem Satz – wie lautet dieser?

Ein aktiver Prozess der Gestaltung von Alt nach Neu.

Tea Meiner

ist Director Innovation bei Allfoye. Sie managt Transformationen von Unternehmen hin zu agilen, lernbereiten Organisationen und orchestriert auf einzigartige Weise Projekte.

Welche wichtigen Tipps würdest du Unternehmen geben, die vor einer Transformation stehen?

Zunächst gilt es, die richtigen Mitarbeiter zu identifizieren, die motiviert und bereit sind, den Transformationsprozess an der Spitze anzuführen. Ich ermuntere meine Kunden stets dazu, ein Transformer-Team zusammenzustellen, das einen authentischen Querschnitt der gesamten Organisation darstellt. Es sollten also keine Teams sein, die sich hauptsächlich aus dem Management oder einzelnen Abteilungen zusammensetzen. Die größte Herausforderung schlummert hier im Wörtchen authentisch, denn die Teammitglieder sollten nebst einer sehr guten Vernetzung innerhalb des Unternehmens auch das Vertrauen vieler Kollegen genießen. Gleichzeitig sollten sie glaubwürdig in ihrer Rolle als Transformer sein. Die richtigen Köpfe zu finden, ist bereits die halbe Miete. Hiervon hängt auch die Effektivität ab, denn Veränderung beginnt in den Köpfen der Mitarbeiter. Meinungen lassen sich leichter positiv beeinflussen, wenn die (neuen) Botschaften von Kollegen übermittelt werden, denen man vertraut und die mit ihrem Handeln inspirieren und motivieren.

Worauf sollte zusätzlich geachtet werden?

Die zweite wichtige Frage, die man sich als Unternehmer stellen sollte, ist: Warum benötigt man eine Transformation? Was ist das Zielbild und warum gerade jetzt? Schließlich werden auch die Mitarbeiter diese Fragen stellen! Es wäre schade, sogar fahrlässig, den Veränderungsprozess aus den falschen Gründen zu starten. Einer der wohl schlechtesten Gründe für Veränderung ist Angst. Warum? Menschen sind Gewohnheitstiere und empfinden (große) Veränderungen als beängstigend, verunsichernd oder zumindest als unbequem. Und wenn die Unternehmensführung den Grund für die Transformation auf Basis von Angst-Rhetorik begründet, dann hilft das niemanden. Deshalb arbeite ich mit meinen Kunden immer zuerst an dem Warum. Einen guten, nachvollziehbaren und idealerweise motivierenden Grund für Veränderung zu bestimmen, ist der Schlüssel zum Erfolg. Mein Trick: Ich erinnere das Unternehmen daran, dass es schließlich auch mal ein Start-up war. Diesen Spirit wieder aufleben zu lassen, die Lust und Neugierde auf Neues zu wecken – das ist ein wichtiger Teil meiner Arbeit mit Führungskräften und ihren Teams. Der Rest ist im Grunde Handwerkszeug der klassischen Strategiearbeit. Wobei es hier auch um das richtige Augenmaß geht: Es gibt nichts Schlimmeres, als größenwahnsinnig oder zu verkopft an die Sache heranzugehen. Es gehört schon eine ganze Portion Mut zur Lücke, um im Tanz mit der Zukunft eine gute Figur zu machen.

New Work ist in aller Munde – wie unterscheidet sich deiner Meinung nach die Führungskraft der Zukunft von der heutigen?

Moderne Führungskräfte arbeiten nah an ihren Mitarbeitern, scheuen keine Konflikte und haben den Mut zur Lücke. Sie überlassen ihren Teams die Führung und verstehen sich mehr als Coaches und weniger als Vorgesetzte. Das verlangt einiges an emotionaler Intelligenz – eine Qualifikation, die über Jahrzehnte im Managementdiskurs als nice to have abgetan wurde. In einer Welt, in der die größte Wertschöpfung menschengemacht ist, brauchen die Führungskräfte von morgen vor allem eines: die Fähigkeit, zu inspirieren! Wir wissen schon heute, dass in naher Zukunft Maschinen jegliche repetitive Arbeiten übernehmen werden. Warum? Weil sie diese Arbeiten schneller und zuverlässiger ausüben können. Welche Tätigkeiten bleiben dann in Menschenhand? Aus meiner Sicht kann die Antwort auf diese Frage nur lauten: Die kreativen, innovativen und komplexen Tätigkeiten. Vorausgesetzt, dass ich recht habe, dann braucht eine Führungskraft von morgen vor allem eines: Die Fähigkeit, zu begeistern und zu vernetzen. In einer solch kreativen Welt wird es kaum Raum für Micro-Management, starre Führungskonzepte und intransparente Zielvereinbarungen geben. Um der Frage nach der Führungskraft der Zukunft näherzukommen, sollte man sich fragen: Wie tickt der Mitarbeiter von morgen? Ich würde sagen, dass es sich um einen Menschen handelt, der seinen Fokus auf sinnstiftende Tätigkeiten und eine gesunde Work-Life-Balance setzt (Stichwort: 4-Tage-Woche), gerne in selbstorganisierten Teams arbeitet und Komplexität als Herausforderung versteht. Wie soll man bloß so einen Menschen führen? Aus meiner Sicht, indem man sich als Mentor und nicht als Boss versteht und bereit ist, das eigene Wissen mit dem Team zu teilen. Eine Führungskraft der Zukunft sollte die Fähigkeit besitzen, in Konfliktsituation zu vermitteln und den Teams dabei zu helfen, kontinuierlich zu lernen und besser zu werden. Die Zukunft braucht Führungskräfte, die keine Angst vor zwischenmenschlicher Nähe haben und das Privatleben ihrer Teams nicht ausblenden, sondern es in den beruflichen Alltag einweben. Schlussendlich kommt es doch darauf an, ein gutes Gespür für die unterschiedlichen Potenziale, Wertegerüste und Kompetenzen der einzelnen Teamarbeiter zu entwickeln sowie die Bereitschaft zu haben, diesen Job jeden Tag aufs Neue zu erlernen.

?_ Transformation in einem Satz – wie lautet dieser?

Transformation ist für mich die Bereitschaft zum lebenslangen Lernen und die Fähigkeit, mit sich und der Umwelt im Flow zu bleiben.

Martin J. Fröhlich

ist Head of New Horizon bei der Deutschen Bahn und beschäftigt sich mit den neuen und zukünftigen Geschäftsmodellen und Transportmöglichkeiten.

? Welche Tipps würdest du jemandem mit auf den Weg geben, der gerade vor einem digitalen Veränderungsprozess steht und eine Transformation mit seinem Unternehmen startet. Worauf muss er achten?

Er muss selbst die Veränderung ausstrahlen, bevor er sie vorantreiben kann. Dafür muss er sich selbst kennen - seine Stärken, sein Motiv und auch seine Schwächen. Dann müssen Mitarbeiter selektiert werden, die gemeinsam mit ihm in der Lage sind, einen Veränderungsprozess fachlich und menschlich zu begehen - Diversifikation als Stichwort. Und dann ist das Wichtigste, dass alle Beteiligten ein ähnliches oder ein gleiches Team-Bild haben und ein ähnliches oder ein gleiches Motiv, damit sie sich im Team gegenseitig ergänzen können. Wenn ich Mitarbeiter aussuche, gehe ich immer nach folgender Prioritätenliste vor: Erstens sprechen sie mit dem Herzen und nicht mit dem Kopf. Sie arbeiten also daran, wer sie sind, und nicht, was sie sind. Als Zweites ist mir wichtig, dass diese Personen reflektiert sind. Als Drittes kommt die fachliche Expertise ins Spiel, die für mich aber an letzter Stelle steht, weil die zwischenmenschliche Komponente am wichtigsten ist. Nur so kann das Wort zu einer Tat werden. Der zweite Schritt, nämlich zuhören und reflektieren zu können, steht für mich vor der fachlichen Expertise. Wenn Mitarbeiter diese zwei Charaktereigenschaften beziehungsweise Kompetenzen in sich tragen, dann können sie sich ohnehin zu Fachexperten entwickeln.

Braucht man eher ein Team, das Veränderungen treibt und sich gegenseitig stützt, oder können das auch Einzelpersonen einzelner Abteilungen leisten? Was präferierst du? Beobachtest du mehr Dynamik, wenn sich ein Team mit den Themen beschäftigt und diese auf Abteilungen, Gruppen und die Organisation ausweitet?

Du brauchst in allen operativen Geschäftsfeldern top-down und bottom-up. In dem Bereich der Transformation habe ich schon viel erlebt, vor allem im mittelständigen oder im Corporate-Sektor. Es gibt das Sprichwort: Der Fisch stinkt vom Kopf aus. Das heißt, du brauchst intrinsisch motivierte Mitarbeiter, die etwas bewegen wollen und die genügend Freiraum sowie die richtigen Werkzeuge besitzen, um etwas voranzutreiben. Aber du brauchst auch eine Führungskraft, die den Mitarbeitern den notwendigen Freiraum gibt und letztendlich auch zuhören kann und nicht nur seine eigenen Visionen durchsetzen möchte. Ziele müssen gemeinsam erstellt, bewertet und diskutiert werden. Im Anschluss gilt es, diese Ziele in einen fortlaufenden Prozess zu überführen, um immer wieder zu prüfen, ob sie noch aktuell sind oder ob sich im unternehmerischen Umfeld etwas verändert hat (z.B. Technologie, Marktfortschritt etc.). Aufgrund meiner

Erfahrung empfehle ich, 25 Prozent der Zeit für die Review und Reflektion aufzuwenden, 25 Prozent für die Erarbeitung klarer Maßnahmen und 50 Prozent für die Umsetzung (Vollspeed). Das ist die Erfolgsformel. Du solltest die Grundbausteine, sprich die Auseinandersetzung mit der Zukunft, früh genug setzen. Dies sollte fünf bis zehn Jahre vor einer Veränderung geschehen, die angestrebt wird. Gerade wenn der Wettbewerb dich in die Knie zwingt, triffst du kurzfristige Entscheidungen, die überlebensnotwendig sind. Jedoch sind das keine nachhaltigen Entscheidungen. Wenn du nämlich von der Angst getrieben wirst und gar nicht den Kopf für dieses langfristige Denken hast, sondern eher kurzfristig agierst, dann passieren Fehler.

Würdest du sagen, einer der elementaren Fehler in Veränderungsprozessen ist, dass man sich zu spät mit ihnen auseinandersetzt bzw. erst dann, wenn der Schmerz schon groß ist?

Ja. Du brauchst für jedes Kerngeschäftsfeld eine Einheit, die sich mit dem kurzfristigen Geschäft befasst. Du brauchst eine Einheit, die sich mit dem mittelfristigen Geschäft befasst, und du brauchst eine Abteilung, die sich mit den langfristigen Geschäften befasst. Jeder dieser Bereiche hat seine Daseinsberechtigung und zwischen ihnen braucht es Schnittstellen. Und in jedem Transformationsprozess gibt es auch Etappen. Ich bringe mal ein Beispiel: Bei Google ist es ja so, dass 80 Prozent der Menschen noch Wörter in die Google-Maske eintippen, um Suchanfragen zu äußern und folglich Ergebnisse zu erhalten. 20 Prozent nutzen dafür die Spracherkennung, also Siri. Sie sprechen etwas ein und erhalten eine Nachricht. Aktuell gibt es hinsichtlich dieses Service noch keine push und pull notification. Dies würde nämlich bedeuten, dass eine künstliche Intelligenz dich überhaupt erst auf die Idee bringen würde, dass du etwas Bestimmtes suchen möchtest. Die künstliche Intelligenz würde dein Suchverhalten analysieren und dir Suchergebnisse per push notification vorschlagen. Google investiert aktuell viel Zeit und Geld in diese mittel- bis langfristige Produktentwicklung. Dieses Beispiel zeigt sehr gut, wie wir uns als Unternehmer bewegen sollten. Und zwar sollten wir mit Hilfe eines Zeithorizonts arbeiten und uns fragen, wie die Welt von morgen aussehen wird, wie sich der gesellschaftliche Wandel vollzieht und vor welchen Herausforderungen wir in der Zukunft stehen werden: Überbevölkerung, Umweltverschmutzung und Ähnliches. Mit solchen Themen sollte sich ein moderner Konzern beschäftigen und folglich hinterfragen, wie kompatibel die alten Ziele und Visionen mit den Zukunftsprognosen einzustufen sind. Dazu muss man immer wieder seine Mitarbeiter abholen und mit in den Prozess einbinden. Ich weiß, das ist mühsam, aber man sollte sich die Zeit dafür nehmen. Ansonsten hat man Mitarbeiter im Unternehmen, die demotiviert sind, gar nichts mehr machen und sich anderweitig umschauen. Da sehe ich die Unternehmen und Führungskräfte in der Pflicht, Kapazitäten zu schaffen, genauer gesagt einen Raum zu öffnen, wo einander zugehört werden kann, damit produktive Veränderungen eintreten können. Die Mitarbeiter benötigen einen Kanal, über den sie ausdrücken können, was sie beschäftigt und welche Werkzeuge sie benötigen, um ordentlich arbeiten zu können. So können auch die Mitarbeiter einen Transformationsprozess mitgestalten.

Was macht eine Führungskraft von morgen wirklich aus? Wie sieht eine erfolgreiche Führungskraft aus?

Die erfolgreiche Führungskraft von morgen schafft genügend Freiräume für das Team und die Mitarbeiter. Sie stellt Werkzeuge bereit, hat immer eine offene Tür und ein offenes Ohr und holt sich auch Mitarbeiter ins Haus, die in ihren Gebieten noch professioneller und noch besser als sie selbst sind. In der fernöstlichen Lehre heißt es, man solle von Meistern lernen. Und die besten Meister sind diejenigen, die ihre Schüler ebenfalls zu Meistern machen.

❓ Transformation - 5 % Digitalisierung und 95 % der Mensch - worauf kommt es wirklich an?

In meiner Welt sind es eher 70 und 30 Prozent. Jeder Mensch sollte selbst entscheiden, welche Hoheit er der Technik gibt. Anders ausgedrückt; welche Möglichkeiten und Erleichterungen die Technik ihm bieten kann. Es gibt Menschen mit gesundheitlichen Problemen, die zum Beispiel ein Hörgerät brauchen. Solche Menschen benötigen die Technik mehr als andere Menschen. Grundsätzlich ist es aber wichtig, dem Menschen überhaupt erst aufzuzeigen, welche Vorteile er aus einem etwaigen Einsatz der neuen Möglichkeiten ziehen kann.

❓ Letzte Frage; die digitale Transformation in einem Satz. Wie würde dieser lauten?

Ich würde es gar nicht digitale Transformation nennen, sondern ich würde es menschliche Transformation nennen. Es ist ein Zusammenspiel zwischen digitaler und analoger Transformation und nur dieses Zusammenspiel kann Veränderung bewirken. Darum finde ich die Begriffsdefinition digitale Transformation nicht treffend. Es handelt sich nämlich um einen Veränderungsprozess, in welchem Menschen Veränderungen vorantreiben wollen, können und dürfen.

Kai Gondlach

ist studierter Zukunftsforscher und internationaler Redner.

🗨 Welche wichtigen Tipps würdest du Unternehmen geben, die vor einer Transformation stehen?

Es gibt nicht den einen Tipp, der auf jeden Einzelnen zutrifft. Aber was mir im Zuge meiner Projekte immer wieder aufgefallen ist: Jeder Einzelne muss von seinem hohen Ross ein Stück weit runterkommen, um zukunftssicher zu werden oder gute Perspektiven entwickeln zu können. Die Leute müssen mehr und ergebnisoffener miteinander reden. Sie müssen sich von ihren tradierten Denkweisen lösen. Da trägt jedes Unternehmen, jedes Team und jede Führungskraft ein eigenes Päckchen mit sich rum. Die größten Erfolge werden immer dann erzielt, wenn die Menschen bereit sind, sich füreinander zu öffnen. Dann kannst du mit allen Themen wirklich tolle Erfolge erzielen.

New Work ist in aller Munde - wie unterscheidet sich deiner Meinung nach die Führungskraft der Zukunft von der heutigen?

Die Menge an Kommunikation stellt den großen Unterschied dar. Dort, wo New Work bereits funktioniert und zu Erfolgen führt, ist Kommunikation ein elementarer Bestandteil des Alltags von Teams. Es gibt ein tolles Beispiel aus einer IHK. Diese kommunizierte mit ihren Mitarbeitern Folgendes: „Ab dem kommenden Monat dürfen sich bei uns alle Angestellten, das sind knapp 150 Stück, aussuchen in welchem Bereich sie arbeiten möchten." Das in einem relativ tradierten System einfach mal einzuführen und dann zu sagen, wir müssen unsere Ziele aber weiterhin erreichen, ist mutig und riskant. In so einem Fall können sich Hierarchien und Kommunikationswege stark verändern. Und so kann man u.U. plötzlich viel mehr erreichen, weil die Leute wieder mehr miteinander sprechen, sich austauschen, Ratschläge einholen und die Motivation, zur Arbeit zu gehen, sich erhöht. Und darum geht es bei New Work und auch bei neuer Führung - alte Wege verlassen und neue gestalten. Dennoch bleiben die alten Rituale und Abläufe weiterhin relevant, sie werden nur für das Morgen auf den Prüfstand gestellt und nicht mehr ungefragt umgesetzt. Die deutsche Innovations- und Unternehmenskultur operiert allerdings ganz häufig allerdings nach dem Motto: „Wir haben jetzt einen Prozess und der wird am Tag X abgeschlossen sein." Das greift in Bezug auf New Work einfach nicht mehr.

Transformation - 5 % Digitalisierung und 95 % der Mensch - worauf kommt es wirklich an?

Normalerweise müsste ich jetzt sowieso erst mal widersprechen. Es wäre langweilig, ja zu sagen. Erstens kann man das sowieso nicht messen und zweitens ist das in jedem Unternehmen total unterschiedlich. Auf gesellschaftlicher Ebene stimmt dieses Verhältnis aber ungefähr. Die technologischen Innovationen sind im Grunde alle paar Jahre wieder als veraltet zu bezeichnen. Das ist immer so. Digitalisierung bedeutet aber nicht nur Technologie. Es geht nicht um die Elektrifizierung der Post oder analoger Bestandteile. Tatsächlich geht es um die Veränderung von Prozessen, Organisationen, Strukturen und Mindsets. Ich selbst habe eine andere Gewichtung der Zahlen vorgeschlagen. Ich habe gesagt, ich bin Sozialwissenschaftler, deswegen darf ich so etwas sagen: Digitalisierung sind 90 Prozent Mensch und 90 Prozent Technologie. Abhängig vom Blickwinkel, ist es an einem Tag mal mehr Technologie und an einem anderen Tag mal mehr Mindset. Aber ich komme wieder zu dem zurück, was ich schon ganz am Anfang gesagt habe. Das Allerwichtigste, egal bei welchem Veränderungsprozess, ist die Kommunikation. Beispielsweise darüber zu reden, was es bedeutet, einen Chatbot für Kundendialoge einzuführen. Wie können wir schon heute für diejenigen Mitarbeiter sorgen, welche innerhalb der kommenden zwei Jahre von einem Chatbot-System ersetzt werden – nicht selten sind das 90 Prozent der Telefonisten. Wie können diese 90 Prozent eines Teams produktiv umgeschult werden, sodass sie künftig einen anderen Zweck im Unternehmen erfüllen können. Die Digitalisierung vernichtet keine Arbeitsplätze, sondern die Arbeitgeber vernichten Arbeitsplätze. Und das hat etwas mit Verantwortung zu tun. Diesbezüglich bereiten mir die etablierten Industrien in der deutschen Wirtschaft große Sorgen, denn in den kommenden Jahren könnten hunderttausende Arbeitsplätze und tausende von Unternehmen aufgrund von fehlenden oder fehlerhaften Entscheidungen gefährdet werden.

Digitale Transformation in einem Satz ausgedrückt. Wie würde der bei dir heißen?

Just do it. Das wäre meine Quintessenz, allerdings passt sie nicht ganz zur digitalen Transformation. Stimmiger und nicht ganz so heroisch würde ich wahrscheinlich sagen: „Machen Sie sich auf etwas gefasst!"

Julian Knorr

ist Vorstand der ONESTOPTRANSFORMATION AG, eines Unternehmens, welches sich mit dem digitalen Mindset und der persönlichen Weiterentwicklung beschäftigt.

Welche wichtigen Tipps würdest du Unternehmen geben, die vor einer Transformation stehen?

Ich fange andersrum an. Was macht denn keinen Sinn? Es gibt nicht das eine Schema F. Es gibt nicht das eine Lehrbuch, welches ich rausholen und sagen könnte: „So funktioniert das und dann wird das Ganze klappen." Und so komme ich auch zum ersten wichtigen Tipp. Man muss das eigene Unternehmen beobachten und sich die Zeit nehmen, eine echte Standortanalyse durchzuführen, und zwar vom Gesamtunternehmen. Jeder Unternehmer sollte sich klarmachen, wo er hinmöchte. Es ist grundlegend wichtig, eine Vision zu haben, denn nur so kann man sich in diese Richtung entwickeln. Mein zweiter Tipp ist, intensiv auf die Mitarbeiter zu schauen. Man kann sich kaum vorstellen, welche großen Ängste bei den Mitarbeitern vorhanden sind. Es verändert sich so

Vieles. Es gibt Arbeitsweisen, die vielleicht seit zehn, zwanzig oder dreißig Jahren perfektioniert worden sind und die nun hinterfragt werden. Da ist es ganz normal, dass man hinsichtlich der klassischen Change-Kurve als Mitarbeiter erst mal eine Abwehrhaltung einnimmt. Ein Unternehmer sollte sich darauf einstellen, dass er mit seinen Ideen anfangs auf Ablehnung stoßen wird. In diesem Fall ist es wichtig, die Mitarbeiter mitzunehmen und ihnen zu erklären, warum die Veränderungen überhaupt durchgeführt werden. Viel zu häufig wird zwar erklärt, WAS gemacht wird, aber nicht, WARUM das Ganze gemacht wird. Hinsichtlich des Warums sollte nicht nur das Thema Profitabilität erwähnt werden, sondern auch die Langfristigkeit der Veränderungen und die Zukunftsfähigkeit des Unternehmens. Langfristig hat der Wandel nichts damit zu tun, dass man profitabler wird, sondern dass man als Unternehmen auch langfristig existieren kann.

Was sind Dinge, die zusätzlich falsch gemacht werden können? Gibt es noch andere Fehler, die du in den letzten Monaten und Jahren kennengelernt hast?

Ja. Das wirkt jetzt auf den ersten Blick vielleicht komisch beziehungsweise konträr, weil ich vorhin gesagt habe, dass man eine Vision braucht: Aber wenn man diese Vision auf die Mitarbeiter transferiert, habe ich immer wieder erlebt, dass viel zu viel erwartet wird. Die übersteigerte Erwartungshaltung in Veränderungsprozessen ist ein großer Fehler. Oft bekommen Mitarbeiter Rollen zugeteilt, die überhaupt nicht zu ihnen passen. Ich würde das gerne an einem konkreten Beispiel festmachen. Wir arbeiten sehr viel mit dem DCI (Digital Competence Indicator) im Bereich des Recruiting. Das heißt, wir erstellen ein Zielprofil für neue Mitarbeiter und dann durchlaufen die Kandidaten den online-Test (DCI). Erst vor kurzem war ich bei einem Kunden, einem sehr renommierten Unternehmen aus dem Bereich der Finanzdienstleistung, und es ging darum, einen Produktmanager zu finden. Wir führten ein Gespräch und wollten herausfinden, wie offen, proaktiv und unternehmerisch handlungsfähig dieser

Produktmanager sein sollte. Die erste Intuition meines Kunden war: „Ja, der muss super unternehmerisch denken und super proaktiv sein". Dann habe ich gesagt: „Ja, okay, dann würde ich das gerne mal andersrum denken. Was wäre denn, wenn sich dieser neue Mitarbeiter ein neues Geschäftsmodell überlegen und dieses an das Unternehmen herantragen würde. Bekäme er die Freiheit, dieses Geschäftsmodell auszugestalten und auszuprobieren?" Mein Kunde erwiderte: „Um Gottes willen, nein. Strategie ist Vorstandssache. Das dürfte er niemals machen". Dann habe ich gesagt: „Dann passt super proaktiv aber nicht. Am Ende macht ihr euch als Unternehmen unglücklich, weil er eure Erwartungen nicht erfüllt. Gleichzeitig erfüllt ihr seine oder ihre Erwartungen ebenfalls nicht." Hinsichtlich solcher Fragestellungen sollte man einfach ein bisschen realistisch bleiben.

Die Erwartungshaltung an neue Führungskräfte ist ein charmanter Übergang zu meiner nächsten Frage. Im Bereich des New Work sind wir von Buzzwords und Agilität umgeben. Was sind für dich die Soft- und Hardskills, die die Führungskraft von morgen mitbringen muss?

Eine moderne Führungskraft sollte nur Leitplanken und eine Vision vorgeben. Das ist auch das, was wir bei uns im Team umzusetzen versuchen. Den Mitarbeitern wird überlassen, wie sie sich der Vision annähern. Das bedeutet, dass wir das Empowerment wirklich ans Team abgeben, die Teams selbstorganisiert sind und jeder seine Projekte selber vorantreibt. So kann man sich als Führungskraft nämlich darauf konzentrieren, die Menschen weiterzuentwickeln. Diesen Coaching-Gedanken empfinde ich als ganz elementar. Hinsichtlich deiner Frage, auf welche Eigenschaften es ankommt, bin ich fest davon überzeugt, dass man auch als Führungskraft mit dem Scheitern umgehen können muss. Wir leben in einer schnelllebigen Zeit und es kann nicht alles funktionieren. Nichtsdestotrotz, in ganz vielen Führungssituationen erleben wir immer wieder, dass alles zu 100 Prozent funktionieren muss, sonst gibt es irgendwo im Unternehmen Ärger. Wenn man als Führungskraft aber von Anfang an weiß, dass nicht alles funktionieren kann, dann geht man auch anders mit dem Scheitern um und fragt nach dem Scheitern nur: „Okay, warum ist das passiert und was können wir daraus lernen? Was machen wir, damit dieser Fehler nicht mehr auftaucht?" Das sehe ich als ganz elementare Eigenschaft von modernen Führungskräften.

Was glaubst du? Sind es 5% Digitalisierung und 95 % Mensch? Wie beurteilst du diese beiden Zahlen?

Diese beiden Faktoren an einer Zahl festzumachen, überfordert mich ehrlich gesagt. Aber was ich definitiv sagen kann ist, dass die allerbeste Technologie nicht funktioniert, wenn der Mensch nicht mitgenommen wird und er selber nicht gestalten darf. Wir sollten uns immer wieder diese Frage stellen: „Dient das Tool uns oder dienen wir dem Tool?" Und häufig wird diese Frage eben nicht mehr gestellt, weil man einfach sagt: „Oh, das ist das neueste Gadget und das brauchen wir jetzt unbedingt, weil es halt da ist", anstatt zu fragen; „Hilft uns das denn wirklich?". Und wenn wir uns diese Frage wieder ins Bewusstsein rufen, dann denke ich, dass das oben erwähnte Verhältnis stimmig ist. Ich bin der festen Überzeugung, dass der Mensch den absoluten Großteil im Zuge der Transformation ausmacht.

Wenn du digitale Transformation in einem einzigen Satz simplifizieren müsstest, wie würde dieser Satz lauten?

Aktuelle technologische Möglichkeiten so nutzen, um Kundenbedürfnisse besser zu befriedigen.

Dr. André Größer

Christian Zingg

André und Christian sind Geschäftsführer von Kickxstart und Christian leitet auch das Innovation Lab der MAN-Schwester RIO.

? **Welche Tipps und Tricks würdet ihr Führungspersönlichkeiten, die vor Veränderungsprojekten stehen, mit auf den Weg geben?**

Christian: Ich würde sagen, dass man für ein Unternehmen Leute suchen sollte, die Lust haben, unternehmerische Verantwortung zu übernehmen.

Diese würde ich eng in die einzelnen Schritte der Veränderung einbinden. Somit würde ich mich von der Vorstellung lösen, dass ich der einzige bin, der aus Sicht des Unternehmens denkt. Gleichzeitig würde ich mit dieser Vorgehensweise eine ganzheitliche Sicht auf die aktuelle Situation fördern. Ich würde ein Umfeld schaffen, in dem sich die ausgewählten Kollegen weiterentwickeln und verwirklichen können. Lernen steht in der aktiven Phase der Veränderung absolut im Mittelpunkt, somit ist ein Schlüssel zum Erfolg dieses Umfelds der offene Umgang mit Fehlern. Bei der Auswahl der „richtigen" Kollegen ist es wichtig, alle notwendigen Kompetenzen für die jeweilige Herausforderung an Bord zu haben. Über den offenen Umgang mit Fehlern hinaus ist es meiner Meinung nach ebenso wichtig, Freiräume zu schaffen. Es muss erlaubt sein zum Beispiel Prozesse, die im Konzern etabliert sind, kreativ zu interpretieren, wenn dies für die Zielerreichung sinnvoll ist.

Das ist ein interessantes Setup. Aber wie bekommt man es mit den intrinsisch motivierten Kollegen hin, eine Vision auf die Beine zu stellen, an die alle glauben?

André: Als wir 2014 begonnen haben, hatten wir einen gewissen Luxus, den ich aber auch als wichtig betrachte. Wir hatten, zumindest über einen gewissen Zeitraum, einen Freiraum, der uns überlassen wurde. Die Frage, mit der wir uns beschäftigen durften, war: Was ist Digitalisierung? Der Freiraum, dieses Experiment selbst zu planen, war immens wichtig. Als Manager sollte man aus meiner Sicht immer zwei Schritte voraus sein. Das heißt; du musst immer schon den übernächsten Schritt geplant haben und diesen bestmöglich ansteuern. Du denkst vorweg, aber du hältst dich bedeckt. Konkret bedeutet das, zu sagen, dass man eine Leidenschaft hat. Ich glaube, dass das auch bei uns die Erfolgsformel der ersten Monate im RIO XLAB war. Folglich ist es auch wichtig zu sagen: Wir müssen etwas tun. Wir müssen irgendwie einen Mehrwert für den Kunden der Zukunft schaffen. Das möchte ich und dafür brenne ich. Diese Vision schmückst du dann aus und gibst zu, dass du sie nicht alleine umsetzten kannst, aber du die wichtigen Hebel kennst, damit sie erfolgreich umgesetzt werden kann. Bei uns waren die Mitarbeiter alle in ihren Projekten eingebunden und die Auslastung war bereits bei 100 Prozent. Da konnte man nicht einfach zwischendurch sagen, dass sie etwas Zusätzliches machen sollten. In einem starren System kann man nicht sofort mit der Transformation beginnen und bis zum Start dauert es unter Umständen Jahre. Aber die Mitarbeiter waren Feuer und Flamme für die gemeinsame Vision und sie erhielten Anerkennung für ihre Leistungen, sodass sie nach der Arbeit kamen, um etwas Neues zu schaffen. Man kann Menschen begeistern, indem man ihnen eine Vision vorlebt und sie um Support fragt. Man muss ihnen vermitteln, dass sie und ihre Kompetenzen gebraucht werden. Außerdem müssen sie verstehen, dass die Vision nicht sofort erreicht werden kann, sondern viele kleine Schritte zum Ziel führen. Das gibt ihnen eine gewisse Sicherheit. Und so bekommt man es hin, dass immer mehr Mitarbeiter aus ihren Komfortzonen heraustreten und man sozusagen eine neue Basis bildet, außerhalb der Komfortzone.

Christian: Du fragtest, wie du diese Mitarbeiter identifizieren kannst. Ich glaube tatsächlich, dass du sie erkennen wirst, wenn du aufmerksam durch dein Unternehmen läufst, weil es typischerweise rebellische Mitarbeiter sind. Sie geben sich nicht mit tradierten Prozessen oder mit Aussagen wie „Das haben wir schon immer so gemacht" zufrieden. Sie stellen den Status Quo in Frage. Und das ist gut so. Denn nur mit solchen Mitarbeitern kannst du in weiterer Folge dafür sorgen, dass du mehr Begeisterung schaffst und andere mitziehst.

Was sind für euch auf der anderen Seite die Showstopper, sprich die größten Fehler, die dazu führen, dass man es nicht schafft, einen Veränderungsprozess zu starten beziehungsweise mittelfristig durchzuhalten?

Christian: Ich glaube es ist wichtig, dass es ein ernsthaftes Problem gibt, der sense of urgency also wirklich spürbar ist. Die Mitarbeiter, die du dazu holst, müssen mit der Freiheit umgehen können und eine hohe unternehmerische Kompetenz besitzen. Der Aufbau der als Beispiel erwähnten Innovation Labs verläuft leider nicht immer positiv. Vom Top-Management gegründet wird hier oft vollkommen überschweifend Geld ausgegeben und es wird an den wildesten Dingen geforscht. Der Fokus liegt nicht selten auf spannenden Technologien wie Blockchain, AR, VR usw. Es werden Showcases entwickelt und Entscheidungen getroffen, die von aktuellen oder potentiellen Geschäftsmodellen weit weg sind. Der Kunde spielt, wenn überhaupt, nur eine untergeordnete Rolle und die Überprüfung der Zahlungsbereitschaft wird durch die allgemeine Begeisterung kompensiert.

Um erfolgreich zu sein, brauchst du ein Team, das gemeinsam mit den Kunden greifbare Ergebnisse liefert und auch den Anspruch hat, für das Unternehmen sinnvoll zu handeln. Du darfst den Mitarbeitern keine Steine in den Weg legen, sondern musst ein geschütztes Arbeitsumfeld schaffen und sie gleichzeitig ermutigen und unterstützen, die beste Lösung für den Moment zu finden. Die Mitarbeiter müssen die Freiheit haben, ohne das Korsett des Konzerns zu arbeiten. Des Weiteren müssen sie die Herausforderung annehmen, die Themen auch wieder an die Muttergesellschaft heranzutragen. So bekommst du ein hochmotiviertes Team und innovative Produkte, die auch zur Strategie des Unternehmens passen.

Ich merke, dass Agilität von Führungskräften bei Veränderungsprozessen eine große Rolle spielt. Was glaubt ihr, sind die Kompetenzen, die benötigt werden, um in der Zukunft, gerade im Vergleich zu heute, eine gute Führungskraft darzustellen?

André: Ich glaube, dass es wichtig ist, sich aus der Rolle des Treibers und des Bosses herauszudenken, die typische Chef-Rolle abzulegen und stattdessen die Mitarbeiter auf einer empathischen Ebene zu verstehen. Der Boss, Chef oder Leader der Zukunft wird schlussendlich obsolet sein, weil er sein Team befähigt, eigenverantwortlich zu arbeiten. Nur noch bei Uneinigkeiten wird der Chef benötigt werden, damit er einen Rat (und nicht die Entscheidung) gibt. Ich kenne einen Chief Technology Officer, in dessen Terminkalender pro Tag zwei Termine stehen. Ansonsten ist er sehr flexibel. Das ist für mich das Gütesiegel beziehungsweise ein Indikator für eine gute Führungskraft, die sich so die ganze Arbeit selbst abnimmt, kein „Hardcore" Micromanager ist und somit nicht alles doppelt macht.

Christian: Die Menschen von heute haben ein ganz anderes Profil als die typischen Arbeitskräfte der letzten 20, 30 Jahre. Sie möchten mitbestimmen und wollen eine klare Vision haben und Begeisterung für ihren Job empfinden. Die Themen Beruf und Alltag verschwimmen immer mehr. Die Anforderungen der Mitarbeiter ändern sich. Das Problem dabei ist, dass sich die Aufgaben der Führungskräfte für diese Art von Mitarbeitern stark von dem Profil unterscheiden, welches über die letzten Jahrzehnte entwickelt wurde. Gerade in der klassischen Unternehmenswelt wurde in der Vergangenheit oft der fachlich stärkste Mitarbeiter zur Führungskraft ernannt. Dadurch entstehen leider gleich mehrere Probleme. Zunächst geht die fachliche Expertise der Person, die befördert wurde, verloren – sie ist ja nun Manager und arbeitet nicht mehr mit. Das zweite Problem ist, dass so perfekte Mikromanager gezüchtet werden, weil die implizite Erwartungshaltung an den neuen Manager ist, dass jeder in seinem Team ab morgen auf genau dem gleichen Niveau die Arbeiten erledigt, wie er es bis gestern getan hat.

Diese Art der Führung ist für die Personengruppen, mit denen wir es nun zu tun haben, sehr schädlich. Wir müssen akzeptieren, dass fachliche Expertise – aufgrund des Wandels hin zur Agilität - nichts mehr mit der Eignung zur Führungskraft zu tun hat. Ich glaube, dafür brauchen wir erst einmal ein Verständnis. Eine gute Führungskraft im agilen Umfeld schafft es, ein Team mit den richtigen Leuten zusammenzustellen und ein vertrauensvolles Umfeld zu schaffen. Eine moderne

Führungskraft leistet Unterstützung, wenn diese gebraucht wird. Allerdings sollten die Mitarbeiter stets viele Freiräume erhalten, selbst wenn das bedeutet, dass hier und da mal Fehler passieren. Die Mitarbeiter brauchen eine klare Vision, um verstehen zu können, wie sie zum Erfolg einer Unternehmung beitragen können. Der offene Umgang mit Feedback, ein vertrauensvoller Umgang und ein echtes Interesse an den Mitarbeitern rundet das Profil einer guten Führungskraft des 21. Jahrhunderts ab. Die Führungskraft sollte sich auf die einzelnen Individuen im Unternehmen einlassen, mit ihnen gemeinsam Ziele herausarbeiten und sie bei der Erreichung dieser Ziele unterstützen. So wird ein Umfeld geschaffen, in dem ein extrem hohes Maß an intrinsischer Motivation dafür sorgt, dass die Geschwindigkeit der Entwicklung und deren Qualität in ungeahnte Höhen steigt sowie das Ganze auch noch jede Menge Spaß macht!

André: Ein letzter Punkt, den ich noch hinzufügen möchte ist, dass man als Führungskraft verstehen sollte, dass die Mitarbeiter unter Umständen fachlich besser als man selbst werden können. In einer auf Fachexpertise orientierten Organisation bedeutet das, dass man als Führungskraft seinen Status verliert, aber durch ein immer besser werdendes Team das Ziel erreicht wird. Dazu fällt mir ein passendes Zitat von Daniel Krause (FlixBus) ein: „Wenn ich der beste Programmierer bei uns wäre, dann wären wir schon längst pleite bei FlixBus." Das ist doch der Beweis dafür, dass eine Führungskraft eher empathisch sei und dafür Sorge tragen sollte, dass dem Team keine Hindernisse im Weg stehen.

▮_ Was würdet ihr zu der These sagen, dass digitale Transformation aus 95 Prozent Mensch und nur fünf Prozent Technik besteht? Die Technik ist schon viel weiter als wir es sind. Es geht eher darum, Akzeptanz bei Menschen zu erreichen und deren Verhaltensmuster zu ändern. Was ist euer Statement dazu?

Christian: Die absolute Digitalisierung ist keine Tool- oder Methodenherausforderung, vielmehr geht es um Menschen und Mindset.

Ich bin auch überzeugt, dass du als Organisation einen klaren Standpunkt beziehen musst. Du kannst nicht in beiden Welten leben. Entweder du entscheidest dich, klassisch zu arbeiten. Oder du entscheidest dich, zu 100 Prozent auf die agile Seite zu gehen, also vollständig und ordentlich mit neuen Methoden zu arbeiten. Mit der Art, wie du arbeitest, ziehst du unterschiedliche Menschengruppen an. Wenn du als Organisation keinen klaren Standpunkt beziehst, bekommst du die guten Leute weder aus der einen noch der anderen Welt. Genau die brauchst du aber, um deine Herausforderung zu meistern.

Wenn deine Art zu arbeiten polarisiert, ziehst du Mitarbeiter an, die es lieben, Teil eines Teams zu sein und über sich hinauszuwachsen. Gerade in großen Konzernen glauben wir oft, Menschen einen Gefallen zu tun, wenn wir Methoden und Prozesse so anpassen, dass sie für alle gleichermaßen funktionieren. Was wir bekommen, ist leider nur ein halbgarer Kompromiss.

André: Ja: Digitalisierung ist gleich Veränderung. Ähnliche Impulse sind schon immer dagewesen, nur ein bisschen abgeschwächter. Digitalisierung ist ein großer Impuls, der viele auch sehr ängstlich macht und verwirrt. Aber der Umgang damit ist die Übung, die wir machen müssen. Das Thema „lernende Organisation" als

Überbegriff bedeutet für mich „Gewohnheit zur Veränderung machen". Es ist wichtig sich selbst zu hinterfragen: Bin ich heute wettbewerbsfähig? Bin ich es morgen noch? Was muss ich eigentlich tun? Vergangene Woche hatten wir eine Diskussion zum Thema Amazon. Jeff Bezos sagt, dass Amazon irgendwann pleite sein wird und dass er diesen Tag so weit in die Zukunft schieben möchte, wie es ihm möglich ist. Das ist genau der richtige Ansatz, denn wer sich nicht regelmäßig hinterfragt, ist irgendwann raus.

Das ist nicht so wie beim Fußball: Wenn du 90 Minuten spielst und wenn du drei Tore machst, dann hast du gewonnen. Nein, das Spiel ist nie zu Ende. Und deswegen musst du dich immer wieder neu erfinden. Das ist ein Paradigma, also ein Denkmuster.

Christian: Die Konzerne sind teilweise so groß, dass ich gar nicht weiß, ob sie sich ab und zu die Frage stellen, dass die Möglichkeit bestünde, zu scheitern.

Und so entstehen auch die Silo-Diskussionen. Jeder fühlt sich derart sicher in dem Gesamtkonstrukt, dass er sich denkt, dass das große Ganze ohnehin stabil ist. Das heißt, dass man die eigene Unternehmenswelt in diesem Konstrukt schönredet. Aber das große Ganze ist in Gefahr, vor allem aufgrund der Digitalisierung.

Digitale Transformation in einem Satz. Wie würde er bei euch lauten?

Christian: Veränderung zur Gewohnheit machen.

André: Im Grunde ist das die Einsicht, dass das Spiel nie zu Ende ist. Ich muss mich selbst regelmäßig reflektieren, um zu prüfen, ob ich noch auf dem richtigen Kurs bin oder ob ich mir neue Gedanken machen muss, wo es morgen hingehen wird? Digitale Transformation bedeutet für mich einen immerwährenden Prozess, den du durchlaufen musst. Und das ist unangenehm.

Frederik Peters

ist Referent für strategische Unternehmensentwicklung beim SWR.

❓ Was würdest du jemandem mit auf den Weg geben, der heute vor einem Transformationsprozess in seinem Unternehmen steht? Worauf muss er achten?

Zuallererst sollte er ihn so transparent wie möglich gestalten. Ich glaube, es gilt die alte Regel: „Man kann nicht zu viel kommunizieren." Das Hauptproblem bei den meisten Transformationsprozessen ist, meiner Meinung nach, dass sie unvermittelt angefangen werden und dabei vergessen wird, die Leute auf möglichst vielen Ebenen mitzunehmen. Damit meine ich, dass auch der letzte Mitarbeiter verstanden haben muss, worum es geht. Hierfür, denke ich, muss man auch die entsprechenden Plattformen bauen. Wenn wir über die Zusammenarbeit und über Unternehmensöffentlichkeit sprechen, muss ich mir überlegen, welche Kanäle man hierfür bespielen kann. Dies sollte divers durchgeführt werden. Wenn ich zum Beispiel einen Change-Podcast veröffentliche, dann sollte es dazu auch einen eigenen Social Account geben, mit dem ich interagieren kann. Dieser Account öffnet einen rückführenden Kanal für etwaige Fragen zum Transformationsprozess. Das ist, glaube ich, sehr entscheidend. Dann gibt es natürlich die Auftragsklärung, anhand derer man weiß, in welche Richtung man sich transformiert. Dank der Auftragsklärung hat man die eigene Mission klar vor Augen. Man sollte sich auch Gedanken über die Entwicklungsziele machen und festlegen, welche diese sind. Zuletzt kommt es zur Definition von strategischen Handlungsfeldern und Maßnahmen. Im Grunde sind das lediglich Hausaufgaben, die gemacht werden müssen, damit man ein klares Verständnis davon bekommt, wohin die Reise geht. Es ist grundlegend wichtig, dass man ein klares Verständnis von all den genannten Faktoren hat. Des Weiteren ist auch die jeweilige „Mitarbeiter-Konstellation" im Unternehmen von Interesse. Wenn nur 30 Prozent der Mitarbeiter anpacken wollen, dann sollten nur diese Mitarbeiter auf die unternehmerische Reise mitgenommen werden, damit die Projekte vorangetrieben werden können. Meiner Meinung nach bringt es mehr, zuerst eine kritische Masse mit „Willigen" zu erzeugen, als allzu viel Energie dafür aufzuwenden, die restlichen 70 Prozent von der Vision zu überzeugen. So erzeugt man eine Sogwirkung, sodass aus den 30 Prozent mit der Zeit und auf ganz natürlich Weise immer mehr „Willige" werden.

Was sind die größten Fehler, die man in Transformationsprozessen machen kann?

Wenn man sich zu lange mit den Hindernissen und Skeptikern auseinandersetzt, können keine Fortschritte erzielt werden, weil dann auch diejenigen Mitarbeiter, die Lust auf Veränderung haben, auf ein Abstellgleis gestellt werden. Ich glaube, dass das keinen Sinn macht. Des Weiteren möchte ich nochmals betonen, dass man nicht zu viel kommunizieren kann.

❓ Aktuell werden sehr gerne Buzzwords wie New Work verwendet. Es ist interessant, dass viele Experten den Führungskräften der Zukunft eine ganz andere Rolle zusprechen als den Führungskräften der Vergangenheit. Was glaubst du? Was zeichnet die Führungskräfte der Zukunft aus?

Ich glaube, dass sie ein hohes Maß an Anspielbarkeit brauchen. Eine Führungskraft der Zukunft muss für die Mitarbeiter einer Unternehmung da sein. Sie darf sich nicht nur mit ihren Führungsaufgaben beschäftigen, sondern sie sollte auch nahe bei ihren Mitarbeitern sein und mit ihnen zusammenarbeiten. Beispielsweise sprechen wir in der Produktentwicklung davon, dass man nahe am User entwickelt, um eine sogenannte Customer Excellence beziehungsweise Customer Obsession zu haben. Das bedeutet, dass es die Obsession einer modernen Führungskraft sein sollte, ein offenes Ohr für deren Mitarbeiter zu haben. Zudem glaube ich, dass der sichere Umgang mit Methoden entscheidend für die Qualität einer modernen Führungskraft ist. Sie muss die Vorschläge von Mitarbeitern verstehen können. Das bedeutet nicht, dass man als Führungskraft in jedem Bereich alles wissen muss, aber man sollte von allem zumindest schon mal gehört haben, um einordnen zu können, ob es ein guter Vorschlag ist oder nicht. Eine moderne Führungskraft muss ihre Mitarbeiter auch leiten können. Das bedeutet, dass sie wissen muss, welcher Mitarbeiter was tut und in welchem Thema die jeweiligen Mitarbeiter brillieren. Eine der Hauptsachen im Zuge einer Transformation ist, dass man als Führungskraft dazu bereit ist, einem Mitarbeiter die Verantwortung zu übergeben. Das bedeutet, dass das Ziel zwar anvisiert wird, aber nicht, dass der gesamte Prozess der Entwicklung permanent beobachtet wird. Die Führungskraft der Zukunft vertraut ihrem Team und weiß, dass es gut arbeitet.

Wenn du digitale Transformation in einem Satz beschreiben müsstest, wie würde dieser lauten?

Das ist der zielgerichtete Wille zur Veränderung. Digitale Transformation bedeutet vor allem, dass du Risiken eingehst, um dich weiterzuentwickeln. Somit fordert man sich ständig selbst heraus. Man muss verstehen, dass es kein Ankommen gibt, sondern dass man einen dauerhaften Weg antritt, der sich immer wieder aufs Neue verzweigt.

André M. König

ist CEO von estrapadus, einem Beratungsunternehmen im Bereich Quantum Computing.

? **Welche wichtigen Tipps würdest du Unternehmen geben, die vor einer Transformation, Produkteinführung, Veränderung etc. stehen?**

Beeinflusst durch meine Erfahrungen als amerikanischer Entrepreneur, sehe ich hier zwei elementare Ansatzpunkte. Zu allererst ist ein mehr als nur oberflächiges Verständnis der grundlegenden Technologien notwendig. Ich habe im Verlauf meiner Karriere zu viele Manager kennengelernt, die sich plötzlich als digitale Experten, K.I.-Experten, agile Experten oder Ähnliches bezeichnet haben – häufig nur, weil sie eine Konferenz besucht haben und vielleicht noch ein Buch zu dem jeweiligen Thema gelesen haben. Meiner Erfahrung nach ist der Vorteil enorm, wenn man sich intensiv mit dem Themenfeld befasst hat, in dem man operiert. Der Erfolg ist nämlich nicht nur mit einem Pilotprojekt, sondern mit der Integration in die gesamte Organisation verbunden. Echtes Wissen ist in unserer digitalen Welt von großem Vorteil. Zweitens: Zu klein denken. Oft sehe ich, dass Unternehmen lieber nur eine kleine Verbesserung oder einen MVP (Minimum Viable Product) anstreben, anstatt mit der Zeit zu gehen. Natürlich ist es nicht einfach, Prozesse, Politik, Kultur und Budgets für etwas Größeres zu mobilisieren. Jedoch leben wir in einer Welt, in der andere Mitbewerber – von Start-ups bis chinesischen Marktakteuren – mit riesigen Schritten und großem Tempo voranschreiten. Man muss besonnen an die Sache rangehen, Qualität, Sicherheit und Nützlichkeit abwägen. Jedoch ist mehr denn je der Mut zum Risiko gefragt, auch wenn deutsche Vorstände und die Regierung dies immer wieder runterspielen.

Worauf muss besonders geachtet werden?

Der zentralste Aspekt ist für mich die Abwägung zwischen Hype und Paradigmenwechsel. Einen Hype kann man auch mal verschlafen, was vielleicht sogar Vorteile bringt, indem man andere die Fehler ausbügeln lässt. Einen Paradigmenwechsel muss man anführen; hier gibt es keine „fast followers", sondern nur winner – wovon es ja durchaus eine Handvoll geben kann. Zu dieser Abwägung wird immer ein Quäntchen Glück gehören sowie das angebrachte Maß an Risikofreude. Dies erfordert eine fundamentale Kenntnis der neuen Technologien und Innovationen. Pseudowissen hilft hier nicht weiter. Deswegen sind die richtige Aus- und Weiterbildung unabdingbar, in der Breite wie in der Tiefe. Auch das hinzuziehen von Experten und Begleitern kann sehr nützlich sein, um Geschwindigkeit am Markt rechtzeitig und gebündelt aufnehmen zu können. In den USA hat jeder Vorstand einen Sparringspartner, in Deutschland ist so etwas eine Seltenheit.

Was ist deiner Meinung nach der größte Fehler in Veränderungsprozessen, Produkteinführungen und Markenführungen?

Die Thematik und die Technologie, welche jene Thematik antreibt, nicht genügend zu verstehen und sich auf Berater und Anbieter zu stützen, die nur ein opportunistisches Verständnis haben.

Alle reden von New Work, agilen Methoden usw.. Ein wichtiger Punkt ist die Führung bzw. das Zusammenspiel von Menschen in Projekten und Organisationen. Gibt es deiner Meinung nach besondere Skills (soft oder hard), denen sowohl der Chef als auch der Mitarbeiter von Morgen eine besondere Aufmerksamkeit widmen sollte?

Ja, und zwar dem Arbeiten mit Daten und Technologien als eigenständige Kompetenz. Ich bin erstaunt, dass wir immer noch basierend auf unserem Wissen und unseren Erfahrungen arbeiten, anstatt alltägliche Entscheidungen auf Basis von Daten und Analysen zu treffen. Das trifft auch auf mich zu. Und ganz egal, ob man Doktor, Anwalt, Marketer, Vertriebler oder Bäcker ist. In der (nahen) Zukunft muss es unsere Kernkompetenz sein, für eine Fragestellung den richtigen Datensatz zu identifizieren, diesen zu bekommen und zu integrieren, zu visualisieren, zu analysieren und auf dieser Basis eine Antwort zu finden.
Für manche wird das bedeuten, verstehen zu lernen, wen im Unternehmen man hierfür anspricht. Für andere wir das bedeuten, dass man diese Datensätze in der Tat selbst - als Entwickler - bearbeitet, anbindet und analysiert, bevor man seinen „eigentlichen" Job machen kann. Dies ist der Skill, der alle anderen, unabhängig vom Fachbereich, der Anwendung oder dem Rang, dominieren wird.

▸ Wie sieht für dich die Lebens-, Arbeits- und Kundenwelt in 2030 aus? Welche Technologie, welche Veränderung wird in den nächsten 10 Jahren der größte Treiber sein.

Ich bin technologieversessen und davon überzeugt, dass in 10 Jahren K.I. und Blockchain unsere Geschäfts- und Kundenprozesse weitgehend automatisiert und optimiert haben werden. Digitalisierung ist dafür quasi die Benutzeroberfläche. Der Konsument wird eine überwiegend „unsichtbare", sprich ins Alltägliche und den Kontext integrierte Erfahrung machen. Diese neuen Prozesse werden von einer Technologie-Elite getrieben werden und alle anderen Mitbewerber werden in der Bedeutungslosigkeit verschwinden. Und nein, es gibt nicht genug Platz für alle, einen „deutschen Weg" oder „mach Mal langsam".

Als Konsument wirst du aktuell immer passiver - oh ja, das ist ein schönes Angebot, kaufe ich - und im Idealfall auch zufriedener - oh ja, das kann ich JETZT wirklich gut gebrauchen. Als Arbeiter (und Menschen) wird die Hauptfrage diejenige sein, welche nach unserem individuellen Sinn und Wert forscht. Also nicht mehr wie/was/wann mache ich etwas, sondern WAS mache ich überhaupt.

▸ Transformation. Viele sagen 5 % Digitalisierung und 95 % der Mensch - was meinst du, worauf kommt es an?

Wenn die Roboter kommen und uns ersetzen, wozu sind wir Menschen dann noch gut? Ich denke, dies ist eine Frage, der wir uns als Individuen sowie als Gesellschaft stellen müssen. Kurzfristig bedeutet Transformation 95 Prozent Digitalisierung. Das ist rohe Marktmacht und kein Mensch (und keine Firma) kann sich dem entziehen. Mittel- und langfristig stellt sich die Frage, welchen Wert der Mensch dann noch haben wird. Wer darauf eine gute, neue Antwort findet, wird 95 Prozent Einfluss und Menschlichkeit gewinnen.

? Was bedeutet Transformation für dich in einem Satz?

Relevant bleiben.

Joi Regenstein

ist ein kreatives Multitalent und aktuell für den Markenaufbau von Cuvee Sensorium zuständig, einer internationalen Champagner-Marke aus Frankreich.

?_ Welche wichtigen Tipps würdest du Unternehmen geben, die vor einer Transformation stehen?

Fangt beim Menschen an. Immer, wenn es um Entwicklung, Evolution oder Transformation geht, muss man bereit sein, die Menschen mit auf die Reise zu nehmen. Ich gebe mal ein einfaches Beispiel. Beim Sport muss man den inneren Schweinehund überwinden. Das ist eine schöne Analogie und ich glaube, wenn man im eigenen Unternehmen die Transformation und Entwicklung neuer Geschäftsfelder erfolgreich hinbekommen möchte, müssen alle Beteiligten den Willen und das richtige Mindset mitbringen. Der Wille zur Veränderung fängt beim Menschen an. Es gibt die sogenannten Bewahrer bezehungsweise die Verwalter und mit denen muss man sich intensiv beschäftigen.

❓ Worauf gilt es besonders zu achten, wenn es darum geht, Mitarbeiter innerhalb der Organisation mitzunehmen und sie nicht auf dem Weg zu verlieren?

Es braucht einen WIR-Gedanken im Unternehmen. Die Herausforderung besteht aufgrund der oft komplexen Strukturen und sehr unterschiedlichen Expertisen und Sichtweisen darin, sämtliche Mitarbeiter für die Veränderungsthematik zu begeistern. Wenn dieser Schritt geschafft ist und jeder verstanden hat, warum die Veränderung innerhalb der Organisation stattfinden muss, dann kann die Entwicklung beginnen.

❓ Der Begriff New Work ist aktuell in aller Munde. Was sind deine Erfahrungen mit den vielen neuartigen Arbeitsformen, in denen es keine festen Arbeitsplätze oder festen Arbeitszeiten mehr gibt und Hierarchiestrukturen abgebaut werden? Sind das wirklich die neuen Formen des Arbeitens? Was ist deine Meinung dazu?

Ich habe sehr gute Erfahrungen mit neuen Arbeitsweisen gemacht. Dezentrales Arbeiten bringt große Vorteile, wenn die Teammitglieder einander vertrauen. Das Vertrauen der Führungskraft in sein Team sowie das Vertrauen der Kollegen zueinander ist für mich der Schlüssel für effizientes und erfolgreiches Arbeiten in der Zukunft. Nur dann sind die neuen Tools und Methoden mit positiven Effekten verbunden. Hier sehe ich auch die größte Hürde innerhalb der aktuellen Diskussion im Bereich New Work. Führungskräfte sind zum aktuellen Zeitpunkt in den meisten Fällen noch nicht bereit, ihre Teams auf diese Weise arbeiten zu lassen, da die Angst vor Kontrollverlust zu groß ist!

Wenn ich zum Beispiel meiner Kollegin erlaube, eine Woche von Lissabon aus zu arbeiten, dann freue ich mich für sie, weil sie abends an den Strand gehen oder sich in einem tollen Café mit Freunden treffen kann. Und so lange die Qualität der Arbeit nicht darunter leidet, ist es für mich egal, ob sie in Hamburg oder Lissabon aktiv ist. Aufgrund dieses Vertrauensvorschusses bekomme ich im Nachhinein allerdings sehr viel zurück.

Das funktioniert natürlich nicht in jedem Unternehmenskontext und das wünscht sich auch nicht jeder Mitarbeiter, aber der Grundgedanke, die Dinge auch anders umsetzen zu können, sollte vermehrt in die Unternehmen einfließen.

Digitale Transformation in einem Satz, wie lautet dieser?

Für mich speziell bedeutet digitale Transformation eine Hilfestellung: „Hilf mir, dir zu helfen."

Nicola Breyer

baut seit über 20 Jahren moderne Unternehmen auf oder um, ist derzeit Head of Commercial Growth, Innovation & Transformation bei PayPal und eine Expertin im Bereich der Geschäftsmodellentwicklung und Skalierung.

?_ Welche Tipps und Tricks würdest du Unternehmen geben, wenn es darum geht, Veränderungsprozesse oder Transformation zu treiben beziehungsweise erst einmal zu starten?

Ich bin der Ansicht, dass sich jeder CEO, CDO, Geschäftsbereichsleiter oder CTO im Klaren darüber sein muss, dass er oder sie sich auf eine anstrengende Reise begibt, bei der es sich nicht um ein Projekt handelt. Wir befinden uns auf einer Reise, auf der wir uns an dauerhafte Veränderung anpassen müssen und Resilienz für Veränderung entwickeln müssen. Die Veränderung wird in absehbarer Zeit nicht verschwinden, sondern wahrscheinlich noch mehr Fahrt aufnehmen. Man muss sich mit seinen Investoren/Eignern/Stakeholdern auf eine Vision und auf erste Schritte einigen, aber auch Freiheiten verhandeln und ein iteratives Vorgehen vereinbaren. Es gibt keine Blueprints für den Weg, den ein Unternehmen gehen muss, um auch in Zukunft an den Kunden- und Mitarbeitermärkten erfolgreich zu sein. Schließlich verringert sich die Lebensdauer von Unternehmen derzeit rasant. Grundsätzlich gilt aus meiner Erfahrung Folgendes: Man sollte mit Stolz, aber ohne Arroganz und dafür mit Spaß, Mut und ein wenig Hochachtung an diesen Prozess herantreten. Wichtig ist auch die Einstellung, dass man so eine Herausforderung nicht alleine antreten kann. Ein interdisziplinäres Team wird benötigt, in dem Kolleginnen und Kollegen aus allen Hierarchiestufen Experten sein können. Ich würde auch dazu raten, sich von externen Vertrauten und einem Coach begleiten zu lassen. Gleichzeitig ist es wichtig, sich seine Entscheidungen nicht von allen zerreden zu lassen und möglichst schnell iterativ in Umsetzungsprojekte zu gehen. Wichtig, ist es, menschlich zu bleiben, aus Fehlern, die unweigerlich kommen werden, zu lernen und diejenigen Menschen im Unternehmen zu identifizieren, die motiviert sind, das Unternehmen gemeinsam nach vorne zu bringen. Sie sind Juwelen, die man nicht ersetzen kann.

Was glaubst du sind die größten Fehler in Veränderungsprozessen?

Ein großer Fehler ist das fehlende Begleiten und Mitnehmen der Menschen in diesen fundamentalen Veränderungsphasen. Meine Erfahrung hinsichtlich mittelständischer und großer Unternehmen ist, dass strukturelle Veränderungen angekündigt werden und eine neue organisatorische Realität entsteht sowie einige in der Hierarchie dominante Mitarbeiter eventuell begleitendes Coaching erhalten. In weiterer Folge geht man aber meistens davon aus, dass die längerfristige Umsetzung auf den Schultern der mittleren und unteren Managementebenen funktioniert. Und da diese nicht in die Genese mit eingebunden waren, fehlt ihnen die Möglichkeit, die Teams wirklich zu inspirieren und zu motivieren. Es wird sehr viel von den Mitarbeiterinnen und Mitarbeitern verlangt, oftmals auch, dass sie für Entscheidungen einstehen, die für sie persönlich nicht optimal sind. Hier wird die Change-Flagge gehisst, vonseiten des Top-Managements wird viel über künftige Erfolge erzählt, aber eine umfassende und ehrliche interne Begleitung, sprich ein Iterieren der ursprünglichen Pläne nach ersten Erfahrungen erfolgt oft nicht. Dies kann zu Demotivation und einer Change-Müdigkeit führen. Denn wie wir alle wissen, befinden wir uns in einem andauernden Transformationsprozess, der nicht, wie von vielen erhofft, „bald wieder vorbei sein wird". Wir dürfen nicht vergessen, dass so eine Phase auch Mehrarbeit, Stress und emotionale Belastung für unsere wertvollste Ressource im Unternehmen darstellt; den Menschen. Die menschliche beziehungsweise emotionale Seite von Transformation wird aber in der Regel nicht nur vernachlässigt, sondern auch abgelehnt.

Was glaubst du bedeutet es künftig, eine gute Führungskraft für ein Team in Hinblick auf die Transformation zu sein? Was macht Führung von Morgen aus?

In einer Transformationsphase kommt es sowohl auf das Wie als auch auf das Was an. Du führst eigentlich sehr viel stärker, aber unauffälliger. Das heißt, du musst die Schnelllebigkeit unserer Zeit berücksichtigen und die immer knapperen Ressourcen, auch die menschlichen Ressourcen, führen. Um effektiv zu führen und die Chance zu haben, in relevanter Zeit Ergebnisse erzielen zu können, musst du künftig mehr Entscheidungsbefugnisse übertragen, ansonsten verpasst du Chancen. Dies geht natürlich nur auf Basis von Vertrauen oder einem Vertrauensvorschuss. Gleichzeitig bedeutet Verantwortungsübernahme - insbesondere in vormals hierarchischen Strukturen - eine Belastung für viele Mitarbeiter. Du darfst die Teams also nicht überfordern. Um diesbezüglich kluge Entscheidungen fällen zu können, musst du deine Mitarbeiter so gut kennen, dass du genau abschätzen kannst, welche Verantwortungen man wem übertragen kann, welche Check-Ins es braucht und welche Art der Motivation die Kolleginnen und Kollegen individuell benötigen. Es geht also um individuelles und partizipatives Führen. Das ist zeitaufwändig und oft auch anstrengend, insbesondere wenn du wie so viele Führungskräfte gleichzeitig noch im operativen Geschäft eingebunden bist. Du musst für die Teams Lerneffekte ermöglichen, die aus der praktischen Arbeit entstehen. Manchmal ginge es schneller, gewisse Aufgaben selbst zu erledigen, aber damit vergibt man wertvolle Möglichkeiten des individuellen Wachstums. Wertschätzung wird ebenfalls immer wichtiger. Die Anforderungen an Unternehmen, Führungskräfte und Mitarbeiter steigen immer mehr. Das heißt, dass der Anteil an deiner Zeit, die du für Führung aufwenden musst, deutlich höher als die fachliche Komponente einzustufen ist. Die große Herausforderung ist, Menschen die Unsicherheit zu nehmen, sie für ihre Arbeit und Aufgaben zu inspirieren und ihnen das Gefühl zu geben, dass ihre Leistung und Meinung relevant und wertvoll sind.

❓ Siehst du es ähnlich, dass die Technik (5%) für die Transformation ein Must-have ist, allerdings der Mensch (95%) am Ende des Tages die zentrale Komponente ausmacht?

Ich weiß nicht, ob ich den 95 Prozent zustimme, und sicherlich kann man das nicht konkret beziffern. Es kommt ja immer darauf an, was du als Unternehmen in der Zukunft machen wirst. In Geschäftsmodellen, in denen K.I. einen signifikanten Anteil einnehmen wird, da wird es viel um die Zusammenarbeit von Mensch und Maschine gehen. Die kreativen und emotionalen Prozesse werden in Unternehmen weiterhin von Menschen geführt werden, reine Prozessbearbeitung wird stark an Volumen verlieren. Letztendlich wird sich der Anspruch an die Menschen und deren Profile erhöhen. Ich glaube auch, dass wir die Verantwortung haben, über Upskilling eine höchstmögliche Anzahl von Mitarbeitern für neue Arbeitsmöglichkeiten in einem wirklich digitalen Geschäftsumfeld zu befähigen. Letztlich bin ich auch davon überzeugt, dass die Bedeutung von Psychological

Safety und mentaler Balance in Unternehmen stark zunehmen wird, genauso wie die von Diversität, ohne die optimale Ergebnisse nicht zu erzielen sind. Wir gehen gerade in Deutschland noch nicht gut mit diesen Elementen um und tun sie oft als „zu weich" ab.

Transformation in einem Satz, wie lautet dieser?

Für ein Unternehmen ist es das Resultat einer Neuausrichtung von Geschäftszweck, Kundenorientierung und der Kontinuität der Daseinsrechtfertigung unter der Verwendung von Technologie – eine Phase, die überlebenswichtig für das Unternehmen ist und die nur mit Mut, Fokus und auf Basis der Mitnahme der Mitarbeiter erfolgreich sein kann.

Dr. Michael Durst

ist Gründer und Geschäftsführer der ITONICS GmbH. ITONICS betreibt die digitale Innovationsinfrastruktur für Unternehmen wie adidas, Audi, CISCO, INTEL, Siemens und über 100 weitere Innovationsführer in 14 Ländern. Dr. Durst ist Wirtschaftsinformatiker und forscht aktiv in den Bereichen Machine Learning, Big Data und K.I.

Was würdest du als Experte einem Unternehmer raten, der unmittelbar vor oder mitten in einem Transformationsprozess steht?

Zunächst gilt es, ein Verständnis dafür zu entwickeln, was die Veränderung treibt und von wo sie für meine Organisation herkommt. Warum will oder muss sich eine Organisation verändern? Was bedeutet Müssen und was bedeutet Wollen? Viele unserer Kunden haben das nebulöse Gefühl, dass man aufgrund der Digitalisierung, neuer Technologien oder zahlreicher Trends aktiv werden muss. Allerdings wird erst durch eine präzise Analyse der eigenen Position im dynamischen Unternehmensumfeld klar, was Veränderung kurz-, mittel- und langfristig tatsächlich treibt. Der erste Schritt ist also: Know where you are. Im Anschluss sollte das Ziel der Transformation definiert werden, um danach Prioritäten im Zeitverlauf setzen zu können. Darauf folgt das sogenannte Roadmapping, in dem die Initiativen und Projekte für mindestens drei Jahre vorgeplant werden. Wenn dieser Plan steht, überlegt man, wer ihn steuern und durchführen kann. Wer sind die internen Influencer, die die Veränderung mit fachlicher und menschlicher Expertise vorantreiben können? Ich selbst als CEO muss die Veränderung als Vorreiter ebenfalls leben und immer wieder nachsteuern. Das klingt einfach, stellt aber oft eine große Herausforderung dar.

Was sind deiner Meinung nach die größten Fehler in Veränderungsprozessen?

Meiner Meinung nach ist der Hauptfehler häufig, dass man nach außen hin kommuniziert; „wir müssen uns verändern, wir müssen Risiken eingehen, wir müssen uns neue Dinge anschauen", aber diese Ankündigungen schlussendlich nicht oder nur halbherzig in Taten umsetzt. Und wenn man sich die Kennzahlen anschaut und sieht, wo investiert wird, ist es ja nach wie vor so, dass noch sehr viel im Kerngeschäft investiert wird und die Risikobereitschaft eher gering ist. Es fehlen oft die Radikalität, der Mut und das Durchhaltevermögen, Veränderungen nicht nur anzustoßen, sondern auch mit aller Konsequenz zu verfolgen und umzusetzen. Das frustriert die beteiligten Individuen und führt nicht selten zu einer ablehnenden Haltung gegenüber Transformationsvorhaben.

Was ist wichtig für eine Führungskraft von morgen? Worauf kommt es an, wenn wir von Hard- oder Softskills sprechen? Was muss eine Führungskraft können?

Um als Führungskraft erfolgreich zu sein, bedarf es meiner Meinung nach neben klassischen Führungsqualitäten insbesondere auch technisches

Verständnis, um Veränderungen begreifen und interpretieren zu können. Die Anforderung der Generation Z an eine Führungskraft ist ein hohes Maß an Empathie. Und Unternehmen erwarten weiterhin einen soliden Pragmatismus in der Umsetzung von Veränderungen. Aktuell sehen wir in vielen Unternehmen einen Generationenwechsel. Die jungen Führungskräfte können überzeugen, Mitarbeiter mitnehmen und sie verstehen auch, wenn jemand nicht hinterherkommt und können darauf eingehen. Wichtig ist auch, adäquates Recruiting zu betreiben. So kann man fehlende Kompetenzen ins Team holen und die einzelnen Teammitglieder zu einer funktionierenden Einheit formen und fortlaufend motivieren. Das klingt total banal, halte ich jedoch für unglaublich herausfordernd. Man merkt das ja selber; irgendwann ist man technisch nicht mehr so fit und muss den KollegInnen mehr und mehr vertrauen. Das fällt mir auch wahnsinnig schwer (leider). Ich würde gerne jedes Detail unserer Softwarelösungen verstehen und diese viel intensiver mitgestalten. Und auch dieses Loslassen, „Ich vertraue euch" zu sagen und sich mehr auf die Motivation, das Schaffen optimaler Arbeitsbedingungen und das Zusammenspiel im Team zu fokussieren, ist herausfordernd.

Ein weiterer Aspekt moderner Führung ist die Agilität. Die hohe Veränderungsgeschwindigkeit verlangt nach agilen Organisationsformaten, allerdings belasten diese Formate viele der beteiligten Individuen mehr als klassische Organisationformen. Die Dynamik, Transparenz und die andauernde Veränderung können auf Dauer sehr anstrengend sein und es muss die Aufgabe der Führung sein, diesbezüglich ausgleichende Formate zu schaffen und die Teams in Balance zu halten.

Transformation in einem Satz. Wie würde er heißen?

Transformation ist die permanente Vorbereitung auf das Neue. Und gleichzeitig das permanente Umsetzen des Neuen.

Jonas Lindemann

ist CEO und Co-Founder vom Hafven Hannover, einem innovativen Platz für Kollaboration, Coworking, Community und anderen Bereichen der neuen Arbeitswelt.

❓ Welche wichtigen Tipps würdest du Unternehmern geben, die vor einer Transformation, Produkteinführung, Veränderung etc. stehen?

Das ist eine spannende Frage. Ich bin mir des Privilegs bewusst, dass wir es als relativ junge Organisation (Hafven wurde 2016 in der heutigen Form gestartet) deutlich einfacher haben, als hunderte Jahre alte Organisationen mit einer gewachsenen Kultur, die in ganz anderen gesellschaftlichen Zeiten geprägt wurden. Damit möchte ich sagen; es ist immer sehr einfach, als junges beziehungsweise neues Unternehmen, welches gerade erst die eigene DNA entwickelt, zu sagen, dass man einfach anders arbeiten sollte. Mein Eindruck ist, dass es extrem schwierig ist, etablierte Wege wieder zu verlassen. Dies zu verstehen und auch anzuerkennen, war erst mal mein wichtigstes Learning der letzten vier bis fünf Jahre. Veränderung ist immer ein großes Projekt. Was ich diesbezüglich mitgeben kann: Man muss sich dieser großen Aufgaben bewusst sein und deshalb auch nicht frustriert sein, wenn die Veränderung nicht unmittelbar einsetzt. Stattdessen sollte man sich darauf gefasst machen, dass echte Innovation und echte Transformation Prozesse sind, die fünf oder auch zehn Jahre in Anspruch nehmen können. Mein Tipp ist: Nehmt euch Zeit. Seid euch darüber bewusst, dass Veränderung Zeit und Kraft braucht. Wenn man das verinnerlicht, dann wird man nicht frustriert sein, wenn die Dinge nicht sofort funktionieren. Des Weiteren ist es aus der Management-Perspektive wichtig zu erkennen, dass echte Veränderungen auch echte Investitionen für denselben Zeitraum bedeuten. Das darf man nicht vergessen.

Worauf sollte besonders geachtet werden?

Ich denke, dass ein wichtiger Punkt das Budget ist. Man muss sich bewusst sein, dass Transformation, Veränderungen, Produkteinführungen oder Produktneuentwicklungen, insbesondere wenn man an Start-ups denkt, durchaus lange dauern können. Schaut man sich zum Beispiel Seed-Investments an, findet man Fonds, die in frühphasige Start-ups investieren, bei denen es normal ist, dass die Haltezeiten dieser Beteiligungen sieben bis zehn Jahre beträgt. Wenn man wie ein Start-up arbeiten möchte, sei es externalisiert oder intern in Form von Intrapreneurship, dann muss einem bewusst sein, dass Zyklen auch für solche Innovations- oder Transformationsvorhaben gelten können. Und das kostet Geld.

Was ist deiner Meinung nach der größte Fehler in Veränderungsprozessen, Produkteinführungen und Markenführungen?

Ein Aspekt ist für mich, dass wir im Hinterkopf behalten müssen, dass je größer der Veränderungsprozess und je innovativer eine Unternehmung ist, desto mehr Zeit muss einkalkuliert werden. Ein weiterer Aspekt ist allerdings, dass man diese Innovationen auch theoretisieren kann. Das heißt; man zerbricht sich zu viel den Kopf, plant eine Strategie nach der anderen und kommt nie in die Umsetzung. Vor ein paar Wochen habe ich auf einer Konferenz in Polen darüber gesprochen. Da wurde von einem Vertreter der Stadt Amsterdam sehr eindrucksvoll erklärt, dass Smart City-Strategien von Städten meistens nur in der Theorie vorhanden sind – das ist ein gutes Beispiel, denn ich glaube, dass das bei Veränderungsprozessen auch häufig der Fall ist. Es wird viel zu viel theoretisiert. Am Ende gibt es keine Best Practice-Beispiele für eine unternehmerische Veränderung, weil Organisationen extrem unterschiedlich sind. Der Vertreter der Stadt Amsterdam hat dies mit seiner Aussage „Stop talking the talk and start walking the walk." gut auf den Punkt gebracht. Im Hafven nennen wir dieses Prinzip „Einfach machen". Das heißt einfach anzufangen, auf das Risiko hin, dass gewisse Dinge nicht funktionieren werden. Ein häufiger Fehler ist, dass Dinge einfach nicht begonnen werden. Das mag daran liegen, dass man merkt, was nicht funktioniert, sobald man anfängt, allerdings kann man nur so herausfinden, was eben doch funktioniert.

Ein wichtiger Punkt ist die Führung beziehungsweise das Zusammenspiel von Menschen in Projekten und Organisationen. Gibt es deiner Meinung nach besondere Skills, denen sowohl der Chef als auch der Mitarbeiter von morgen besondere Aufmerksamkeit widmen sollte?

Ja, absolut. Ich glaube, dass das oben schon durchgeklungen ist. New Work beinhaltet aus meiner Sicht auch ein neues Paradigma für Führung, wenn man das überhaupt noch so nennen will. Leadership ist ein Service. Man versteht sich als moderne Führungskraft eher als Dienstleister für Rahmenbedingungen, damit Teams ihre Kraft vollständig entwickeln können. So verstehe ich meine Rolle als

Geschäftsführer meiner Firma auch. Diese Form der Arbeitsweise ist schon heute bei Mitarbeitern und bei Führungskräften sehr gefragt. Zudem werden breit angelegte Skills künftig stärker gefragt sein, sodass man mehr Generalisten benötigen wird. Hiermit sind Mitarbeiter gemeint, die es schaffen, komplexe Problemstellungen schnell zu erfassen und in weiterer Folge auch schnell anfangen, lösungsorientiert zu arbeiten, sich neues Wissen anzueignen und neue Stakeholder zu begeistern, die es braucht, um ein solches Problem zu lösen. Das sage nicht nur ich, sondern das sagt zum Beispiel auch der Future of Jobs Report des World Economic Forum aus dem letzten Jahr. Es sind genau diese Skills, die ab 2022 eine viel höhere Relevanz haben werden als die sogenannten „Mittelstandstugenden", die da wären: Spezialistentum, Expertentum, Sachen gleichförmig in einer hohen Effektivität abzuarbeiten. Die Nachfrage nach diesen Skills wird aus meiner Sicht schon bald der Vergangenheit angehören. Natürlich wird es immer Ausnahmen geben, aber repetitive und gleichförmige Arbeit ist prädestiniert dafür, „wegdigitalisiert" zu werden. Die menschliche Fähigkeit, kreatives und komplexes Problemlösungsverhalten an den Tag zu legen, ist die Stärke, die wir haben. Wir Menschen sind keine Wissensspeicher. Wir sind auch keine Maschinen, die Dosen befüllen oder Artikel auf einem Band scannen. Maschinen können das besser. Die Menschheit sollte sich in Zukunft auf ihre Stärke fokussieren und das ist aus meiner Sicht die kreative Problemlösung.

Transformation. Viele sagen fünf Prozent Digitalisierung und 95 Prozent Mensch. Was meinst du; worauf kommt es wirklich an?

Ich würde da tatsächlich uneingeschränkt zustimmen. Man muss sich fragen: Wozu Digitalisierung? Mittlerweile ist es offensichtlich, dass die Digitalisierung kein Selbstzweck ist, sondern ein Werkzeug. Die digitalen Technologien sind Werkzeuge für eine deutlich effizientere Abbildung von Prozessen. Diese Technologien können eine große Bandbreite an Arbeiten erledigen, die kein menschliches Zutun mehr erfordern. Das Ziel ist nicht, den Menschen überflüssig zu machen, sondern das Menschliche wieder ins Zentrum zu rücken. Um bei dem Beispiel zu bleiben, welches ich eingangs schon erwähnt habe: Kassieren in Supermärkten. Ein Mensch, der sich nur damit beschäftigt, Artikel über einen Scanner zu ziehen, könnte genauso gut für die Customer-Experience eingesetzt werden und damit deutlich wertvoller für eine Unternehmung sein. Das kann beispielsweise über das Kundengespräch funktionieren, während sich der Kunde selbst abkassiert. Der Faktor Mensch wird in diesem Beispiel, sprich an der Kasse, vollkommen falsch eingesetzt. Er kann seine Stärken und Qualitäten - das Soziale, Zwischenmenschliche - nicht ausspielen. Insofern glaube ich, dass die Digitalisierung als ein Werkzeug betrachtet werden muss, für eine Transformation hin zum Menschlichen. Weg vom Dogma der Industrialisierung, welches besagt, dass der Mensch wie eine Maschine arbeitet, so wie Charly Chaplin es in einem seiner Filme gezeigt hat, und hin zum Menschen, um soziale Räume zu schaffen. Mit anderen Worten, um Zeiträume zu schaffen, damit Menschen wieder mehr miteinander interagieren können. So kann das Leben für Menschen tatsächlich besser gemacht werden. Das meine ich, wenn ich sage: Digitalisierung ist kein Selbstzweck. Es geht darum, dass wir Menschen das bestmögliche Leben für uns gestalten möchten. Und das sollten wir niemals aus den Augen verlieren.

Was bedeutet Transformation für dich? In einem Satz.

Transformation bedeutet für mich positive Veränderung.

Paul Nitsche

ist Geschäftsführer der bytepark GmbH aus Berlin, einem Beratungsunternehmen und Umsetzungspartner für digitale Produkte. Während seiner rund 20 Jahre am Markt erreichte er viele tiefgreifende Veränderungen und Neuausrichtungen. Die bytepark GmbH hat in unterschiedlichen Branchen mehr als 500 Projekte umgesetzt.

Welchen Tipp würdest du einem Unternehmen geben, das eine Erneuerung oder Entwicklung vor sich hat?

Meine Grunderfahrung ist: Fast keine Anfrage, die wir erhalten, und kein Projekt, das an uns herangetragen wird, ist wirklich gut spezifiziert. Häufig gibt es keinen klaren Zielraum beziehungsweise die Ziele sind unspezifisch oder verändern sich im Verlauf des Projekts. Sie sind also sogenannte Moving Targets. Ehrlichkeit auf beiden Seiten ist hier sehr wichtig und auch das Eingeständnis des Kunden „Wir wissen nicht genau, wo wir hinwollen" hilft. So kann der Start in ein Projekt besser klappen, als wenn Zielsetzung beziehungsweise Ziele vage formuliert sind oder variieren. Häufig braucht es im Zuge der Konzeption eine gemeinsame Verständigung auf das, was wir als Minimum Viable Product (MVP) bezeichnen, sprich ein minimal überlebensfähiges Produkt, das mit seiner Veröffentlichung eine zentrale Frage beantworten soll: „Wird das Produkt von meiner Zielgruppe überhaupt gebraucht und angenommen?" Bei einem MVP steht immer im Vordergrund, was wirklich wichtig ist. Dem Pareto-Prinzip folgend, das heißt der 80/20-Regel, analysieren wir mit dem Kunden, welche Funktionen für den Nutzer am relevantesten sind. Da gehört aufseiten des Umsetzungspartners viel Mut dazu, sich intern auf Augenhöhe über diese Funktionen auszutauschen und offen zu diskutieren. Und zwar losgelöst davon, welche Idee von welcher Person oder aus welcher Abteilung kommt. Da haben wir einige Workshop-Formate und Übungen, die wir dem Kunden an die Hand geben. Die Erfahrung, die wir mit digitalen Produkten gemacht haben, ist, dass diese zunächst eine sehr große Zahl an Features beinhalten sollen, ganz nach dem Prinzip: „Viel hilft viel". Es gehört Mut dazu, sich für eines zu entscheiden.

Gibt es auch einen Fehler, mit dem du sehr oft konfrontiert wirst?

Eine zu frühe Festlegung der technologischen Kerntechnologien finde ich immer schwierig. Häufig erfolgt die Festlegung im Vorfeld auf Basis dessen, was der anfordernden Person bekannt oder geläufig ist. Die Werkzeuge und die Technologie sollten aber dem Zweck der Anwendung folgen – und nicht umgekehrt.

❓ New Work ist das klassische Buzzword, mit dem momentan um sich geworfen wird. Was glaubst du, worauf es diesbezüglich im Bereich der Führungsebene ankommt? Was hat sich bei euch im Hinblick auf den Führungsstil geändert? Wie geht man heute mit dem Personal um?

Bytepark war lange Zeit ein Unternehmen, das von den beiden Gründern geführt wurde. Wir - als Gründer und Geschäftsführer in einem - haben sehr viele Bälle in der Luft gehalten. Manchmal haben wir das gut getan, manchmal weniger gut. Vor anderthalb Jahren sind wir dazu übergegangen, viele unserer Aufgaben abzugeben. Mittlerweile haben wir ein Kreisdiagramm entwickelt, mit dessen Hilfe wir einzelne Themen und Mitarbeiter zusammenführen, die folglich auch Entscheidungen treffen dürfen. Das heißt, ein Großteil der Entscheidungen zu den Themen Personal, Möglichkeiten und Einsatz von Tools, Modelle von Arbeitszeiten etc. werden von großen Teilen des Teams diskutiert und mitentschieden. Für mich ist es somit einerseits zentral, Verantwortung übergeben zu können, und auf der anderen Seite, zu vertrauen. Das zahlt sich aus meiner Sicht immer aus, ist aber trotzdem nicht so einfach. Gerade in Zeiten großer Transformation gibt es immer wieder auch gegenläufige Entwicklungen. Aber im Grunde sehe ich es so, dass Verantwortung und Führung verteilt werden müssen. Je intensiver das praktiziert wird, desto besser.

❓ Wenn du digitale Transformation in einem Satz ausdrücken müsstest, wie würde er lauten?

Digitale Transformation ist für mich die Bereitschaft zur Veränderung und die Umarmung von Veränderung. Das heißt, bereit zu sein und die Skepsis gegenüber Veränderungen zu überwinden. Veränderung sollte meiner

Meinung nach mit offenen Armen aufgenommen werden und gleichzeitig muss ein mentaler Schutz aufgebaut werden, der die eigene Existenz innerhalb der ständigen Veränderung beobachtet und behütet. Das Stichwort lautet Resilienz.

Christian Wehner

ist Futurist bei der SAP und beschäftigt sich intensiv mit veränderlichen Arbeitswelten. Des Weiteren treibt er den Wandel innerhalb seines Konzerns.

? **Was würdest du einem Unternehmer mit auf den Weg geben, der aktuell vor einer Transformation oder Veränderung steht?**

Peter Drucker brachte es treffend auf den Punkt: Culture eats strategy for breakfast! Wir müssen akzeptieren, dass sich Werte, gesellschaftliche Denkmuster und Dienstleistungen ständig verändern. Stellen Sie sich also in regelmäßigen Abständen die Frage, ob das gelebte Geschäftsmodell noch das Werteverständnis der heutigen Gesellschaft trifft. Wir sind häufig zu sehr an die gewohnten Prozesse gekoppelt. Die offensichtlichsten und alltäglichsten Wirklichkeiten sind diejenigen, die am schwersten zu sehen und zu hinterfragen sind. Wir gehen automatisch davon aus, dass eine Weiterentwicklung standartmäßig das beinhalten muss, was ein gewisses Gut oder einen Service in der Vergangenheit erfolgreich gemacht hat.

Brechen Sie dieses Muster! Erschaffen Sie beispielsweise Rituale, die dafür sorgen, dass Ihre MitarbeiterInnen in einer Umwelt leben, in der Innovation als etwas Positives gesehen wird. Zu häufig stehen Angst, interne Politik oder administrative Verwaltungstätigkeiten im Weg. Wir haben nahezu verlernt, wilde Ideen zu teilen, Weiterentwicklungen werden zu häufig aus der Sorge, die eigene Position abzuschwächen, abgewandt.

Und ganz wichtig; binden Sie Ihr Team und Ihre Kunden vom ersten Tag an in Ihre Entscheidungen mit ein.

Was glaubst du, was für eine digitale Transformation notwendig ist? Braucht man für sein eigenes Unternehmen eine starke Vision oder sollte man einfach loslegen und schauen, wo die Reise hingeht?

Ein Purpose, Mission und Vision Statement halte ich für durchaus wichtig in einer Organisation. Die Ausrichtung sollte klar ausformuliert sein. In welcher Zukunft möchte ich leben? Ansonsten bin ich ein großer Fan von (ersten) kleinen Schritten und kaltem Wasser, getreu dem Motto: LET THE CHILDREN BOOGIE! Sicherlich ist Ihnen auch nicht neu, dass scheitern dazugehört. Kein Verlust ohne Gewinn, kein Gewinn ohne Verlust. Die Vision muss klar sein, aber der Weg dorthin darf gerne auf individueller Anarchie basieren.

Hand aufs Herz: Es dreht sich immer sehr viel um einen selbst. Um das Ego zu überlisten rate ich dazu, seine Komfortzone regelmäßig zu verlassen. Nehmen Sie sich beispielsweise (PRO TIPP: bestenfalls in Rücksprache mit der Familie) mindestens ein langes Wochenende Auszeit und begeben Sie sich auf eine Reise. Bereisen Sie alleine ein Land, in dem Sie noch nicht gewesen sind. Lernen Sie vor Ort Menschen kennen und stellen Sie Fragen, die Sie noch nie gefragt haben.

❓ Was müssen die Führungskräfte von morgen können? Empathie war in den letzten zehn Jahren nicht gerade die Fähigkeit, die nachgefragt wurde.

Ich denke sehr wohl, dass emphatische Vorgesetzte auch in der Vergangenheit bessere Resultate erzielt haben (...und es auch in Zukunft immer tun werden). Wie eingangs geschrieben, gehört Veränderung zur Norm. So ändern sich auch ständig Anforderungen und Anreize von neuen Mitarbeitern. Hinzu kommt, dass Kreativität in der Arbeitswelt von Morgen unumgänglich sein wird. Führungskräfte von morgen müssen sich in immer komplexeren Umgebungen zurechtfinden, um die Vorteile neuer Dienstleistungen, Technologien und Produkte zu nutzen. Der Spagat zwischen „Performance und Produktivität" vs. „Vertrauen und Stressreduktion" wird trotz des steigenden Innovationsdrucks aber nicht unbedingt abnehmen. Das mag vielleicht wie eine Floskel klingen, aber seien Sie eine Person, für die man gerne arbeitet! Menschlichkeit gewinnt. Nach dem „McKinsey Global Institute Workforce Skills Model" gibt es neben dem Themenfeld der Technologie nur einen anderen Bereich, der unsere Arbeitsumgebung genauso sehr verändern wird, nämlich die soziale und emotionale Intelligenz. Der Future of Jobs-Report des World Economic Forum untermauert diese These.

Abschließend wage ich zu behaupten, dass der „Wettbewerb des Wissens" in Zukunft abnehmen wird. Peter Diamandis, Co-Founder der Singularity University, sagte unlängst: „A future of perfect knowledge is near. You can know anything you want, anytime, anywhere". In dem hieraus resultierenden „Wettbewerb der Kreativität" haben die Wertetreiber des jetzigen Systems wenig Platz. Attribute wie Neid oder Missgunst werden bestenfalls kein Treiber unseres (beruflichen) Miteinanders mehr sein.

？⎯⎯⎯ Digitale Transformation in einem Satz, wie würde er bei dir heißen?

Don't tell me that you are funny, make me laugh.

？⎯⎯⎯ Das musst du mir näher erklären. Den Satz nehmen wir so, aber was steckt dahinter?

Stick to your words. Gib keine Versprechen, die du nicht halten kannst. Die Welt wird immer transparenter. Versteck dich nicht mehr hinter Floskeln, die du über das Marketing kommunizierst. Erzähle mir nicht, dass du lustig bist, sondern bringe mich zum Lachen.

Oliver Fedtke

ist Head of Marketing beim Management Circle, der heute zu den renommiertesten und erfolgreichsten Weiterbildungsanbietern Deutschlands gehört.

❓ Welche wichtigen Tipps würdest du Unternehmen geben, die vor einer Transformation beziehungsweise Veränderung stehen?

Gehe vom Anwender aus und nicht von der Technologie. Verstehe, was ein Minimum Viable Product (MVP) ist. Konzentriere dich auf Standardprozesse, lasse dich nicht von Sonderfällen ablenken und begreife, dass die Transformation ein Elefant ist, den man am besten scheibchenweise verzehrt.

❓ Was sind deiner Meinung nach die größten Fehler in Veränderungsprozessen?

Auf jeden Fall sollte man die digitale Veränderung nicht zu einem IT-Projekt machen, nur weil sie etwas mit Technik zu tun hat. Des Weiteren ist es wesentlich, dass man die Veränderung in der obersten Managementebene ansiedelt, ansonsten ist sie zum Scheitern verurteilt.

New Work ist in aller Munde. Ein wichtiger Punkt ist die Führung von morgen. Wie unterscheidet sich deiner Meinung nach die Führungskraft der Zukunft von der heutigen. Und worauf müssen Führungskräfte heute achten, um den Anschluss nicht zu verlieren?

Für mich liegt der wesentlichste Punkt im Verständnis, dass die alte Formel „Zeit gleich Geld" in Bezug auf die Überprüfbarkeit von Arbeitsleistung nicht mehr gilt. Im Zuge der Digitalisierung respektive in der digitalen Welt gibt es mittlerweile viel individuellere Möglichkeiten der Quantifizierung von Arbeitsleistung und der moderne Arbeitnehmer fordert diese auch ein. Früher war es einfach. Man hatte - salopp formuliert – lediglich 40 Stunden am Arbeitsplatz zu sein. Die Führungskraft musste dafür sorgen, dass der Mitarbeiter seine 40 Stunden da war, dass er seine Mittagspausen nicht überzog, dass er keinen Tag länger im Urlaub war, als ihm zustand, und dass er möglichst wenig kränkelte. Dies entsprach der Formel „Zeit gleich Geld". Der Mitarbeiter verbrachte seine Zeit im Unternehmen, sie wurde gemessen und das war mehr oder weniger das Kriterium für dessen Arbeitsleistung. Diese Art der Evaluierung von Arbeitsleistung entstammte einer Welt, in der es beispielsweise darum ging, wie viele Haken für einen Duschvorhang eine Arbeitskraft pro Stunde erstellen konnte. Und wenn ein Mitarbeiter 40 Stunden anwesend war, konnte man hochrechnen, was er geleistet hat. Im Rahmen von New Work, also in der heutigen Welt, sind selbst die einfachsten Jobs schon deutlich komplexer als diese einfachen Produktionstätigkeiten, die heute meistens von Maschinen erledigt werden. Gleichzeitig ist auch das Bewusstsein der Menschen gewachsen und sie verstehen sehr gut, dass in der

Arbeit Lebenszeit gegen Geld getauscht wird. Der moderne Mensch begreift meiner Meinung nach besser, wie wertvoll Lebenszeit ist. Und hinzu kommt, dass all diese alten Bedürfnisse wie Sicherheit, ein Dach über dem Kopf zu haben und so weiter gar keine so große Rolle mehr spielen. Eine Generation, die von der Oma drei Familienhäuser in bester Innenstadtlage erbt, die macht sich keine Gedanken mehr um Miete oder Wohnen - die möchte Spaß haben. Sie möchte etwas machen. Sie möchte Work-Life-Balance. Sie möchte eben ihre Lebenszeit genießen und für sie ist der Deal, Lebenszeit gegen Geld, eigentlich ein schlechter Deal. Und das macht New Work aus. Ich brauche heute als Führungskraft neue Maßstäbe, neue KPIs, um Arbeitsleistung zu messen. Wenn ich das so wie früher mache, mit dieser „Zeit gleich Geld"-Formel, dann wird der Mitarbeiter schnell enttäuscht sein. Denn heutzutage funktioniert Innovation in Unternehmen unter Umständen deutlich einfacher als früher, als hochkomplexe Fertigungstechnologien erfunden werden mussten, um in der Fertigung ein paar Prozent Material sparen zu können. Folglich konnte die Firma - auf sehr kompliziertem Wege - ein Patent anmelden und der einzelne Mitarbeiter wurde schließlich auch irgendwann belohnt. Heute funktioniert die Innovation am Arbeitsplatz mitunter so, dass ein Mitarbeiter erfolgreich einen Excel-Trick googelt und damit einen manuellen Prozess zu einem automatisierten macht. Allerdings besteht das alte „Zeit gleich Geld"-Modell häufig noch und der Mitarbeiter, der früher im Schnitt 40 Stunden für diesen Workflow brauchte, braucht dank seiner Excel-Tabelle jetzt nur noch vier Stunden pro Woche dafür. Für seine Innovation wird er ja nicht belohnt. Und es ist auch nicht so, dass er für seine eingesparten 36 Stunden nach Hause gehen darf, sondern er bekommt neue Arbeiten zugeteilt. Somit trifft vielerorts der alte Deal auf eine neue Arbeitsrealität und ich glaube, dass das die Menschen mittlerweile begriffen haben - gerade die jüngeren. Eigentlich stellt New Work neue Anforderungen daran, wie Arbeitsleistung gemessen wird, und zwar granular, individuell. Diese Veränderung stellt vor allem klassische Unternehmensmodelle, in denen es in erster Linie um das

Abrechnen von Arbeitszeit geht, vor große Herausforderungen. Das ist für mich New Work und das müssen Führungskräfte der Zukunft begreifen, um den Anschluss nicht zu verlieren.

❓ _____ Transformation. Viele sagen: „5 Prozent Digitalisierung, 95 Prozent der Mensch." Was meinst du, worauf kommt es wirklich an?

Als ich das gelesen habe, musste ich erst mal ein bisschen lachen. Solche Floskeln befinde ich für pseudophilosophisches Gelaber und Zeitverschwendung. Der Mensch steht im Mittelpunkt und wir machen das alles für den Menschen - Bullshit. Bei Transformation in einem wirtschaftlichen Kontext geht es einzig und allein darum, Geld zu verdienen. Und für Unternehmen, die es schon länger gibt, geht es darum, am Leben zu bleiben beziehungsweise am Markt zu bleiben. Es geht darum, ein Businessmodel am Markt zu halten. Das ist alles, worum es bei Transformation geht, weil wie sieht denn die Realität letztendlich aus? Ich muss mein Unternehmen profitabel halten, entweder durch die Digitalisierung meines Businessmodells oder durch die Digitalisierung der Prozesse dahinter. Und wenn ich das nicht tue, dann hängt irgendwann ein Schild an meiner Tür: Out of business. Es geht bei Transformation ums nackte Überleben am Markt.

❓ _____ Transformation in einem Satz. Wie würde dieser lauten?

Verlasse deine Komfortzone oder du wirst untergehen.

Aileen Moeck

ist Gründerin der Zukunftsbauer, einem Bildungskollektiv aus den Bereichen Zukunftsforschung, Pädagogik und Design.

?__ Welche Tipps würdest du jemandem geben, der sich mit Veränderungsthemen und mit der Zukunft auseinandersetzen möchte?

Das allererste, was mir dazu einfällt, ist ein schönes Zitat von Albert Einstein, der gesagt hat: „Man kann Probleme nicht mit dem gleichen Denken lösen, wie sie entstanden sind." Das heißt, wir müssen uns, bevor wir in irgendeine neue Richtung gehen wollen, mit dem Jetzt auseinandersetzen. Wir müssen uns von Glaubenssätzen verabschieden, die selbstverständlich waren, und den Denkraum komplett öffnen, um das Neue angehen zu können.

?____ Was sollte hierbei nicht gemacht werden?

Veränderung nicht anzugehen. Die Zukunft ist noch nicht geschrieben. Jedes

UTOPIA STARTS WITH U!

(nicht) Handeln, das wir heute einleiten, schreibt die Zukunft. Sich das bewusst zu machen, dass es nichts Passives ist, was da auf uns einprasselt, sondern der Moment schon die Zukunft ist, das ist ganz wichtig.

Wenn wir gerade von Zukunft sprechen; was sind die treibenden Faktoren für unsere Zukunft?

Der größte treibende Faktor, den wir gleichzeitig viel zu sehr ignorieren, ist die Tatsache, dass wir im Anthropozän leben, also wissenschaftlich betrachtet im menschengemachten Zeitalter. Wir transformieren unseren Planeten und das sollten wir nie vergessen. Soziale Innovationen sollten dazu da sein, um unseren Lebensraum zu erhalten. Das ist die Basis für unser Zusammenleben und auch für zukünftige Generationen.

Dem kann ich nur zustimmen. Was muss in deinen Augen eine Führungskraft von morgen mitbringen?

Verantwortungsbewusstsein, glaube ich. Damit meine ich Verantwortungsbewusstsein gegenüber einem selbst. Man verliert sich im New Work-Denken ganz schnell in all den Möglichkeiten. Verantwortung gegenüber der Natur und Verantwortung gegenüber Mitmenschen - das befinde ich als das Wichtigste.

Letzte Frage. Digitale Transformation in einem Satz, wie würde er bei dir lauten?

Als Zukunftsforscher, der komplex denkt, ist es schwer, diesen Begriff in einem Satz zu formulieren. Digitale Transformation fängt beim Menschen und nicht beim Digitalen an. Wir müssen eine Vision haben und uns transformieren.

Frank Legeland

ist Team Lead Public Relations bei der Xing-Mutter NEW WORK SE. Veränderung sowie der Transformationsprozess im eigenen Unternehmen gehören zu seinem Alltag.

?_ Welche wichtigen Tipps würdest du Unternehmen geben, die vor einer Transformation, Produkteinführung oder Veränderung stehen?

Da fallen mir zwei maßgebliche Ebenen ein. Meiner Meinung nach ist es von großer Bedeutung, dass Unternehmen, die vor umfangreicheren Veränderungen stehen - zum Beispiel einem Change-Prozess oder einer großen Produkteinführung - sich unbedingt ihrer Unternehmenskultur bewusst sein sollten. Die erste Frage, bevor ich in einen solchen Prozess starte, muss also lauten: „Welche Kultur herrscht in meinem Unternehmen?"

Ich bin davon überzeugt, dass nur wenn die Entscheiderinnen, Entscheider und das involvierte Team ein Bewusstsein über ihre Unternehmenskultur erlangen, ein

Basis hergestellt ist, um gemeinsam erfolgreich in einen Transformationsprozess starten zu können. Wie geht es dann weiter, was ist die ideale Ausgangslage? Entscheider sollten sich eine weitere Frage stellen: „Ist es uns schon gelungen, eine Unternehmung zu kreieren, in der unsere Mitarbeiterinnen und Mitarbeiter das tun können, wofür sie brennen? Ist unsere Belegschaft intrinsisch motiviert?" Ist dies noch nicht der Fall, dann sollte sich die Unternehmung idealerweise erst einmal dieser –in vielen Fällen recht großen - Herausforderung stellen und die geplante Transformation anschließend durchführen.

Welche Fragen spielen in diesem Kontext noch eine Rolle? „Welche Methoden möchte ich nutzen?" Von agilem Arbeiten wird auf den Bühnen und Konferenzen dieser Welt derzeit viel gesprochen, aber passt eine solche Methode auch zu meinem Unternehmen? Wenn die Kultur für agiles Arbeiten nicht vorhanden ist, dann bringt mich diese Methode auch nicht weiter, egal wie angesagt sie gerade ist.

Zur zweiten Ebene: Gerade in Organisationen, die historisch eher in Funktionen, Produkten und Services denken, ist es eine sehr große Herausforderung, die Kunden- und auch Mitarbeiter-Bedürfnisse in den Mittelpunkt des Denkens der Organisation zu stellen. Das ist für mich aber ein ganz essentieller Aspekt, der in keinem Transformationsprozess aus den Augen verloren werden darf. Hier ist ein permanenter Abgleich wichtig. Sind wir noch auf dem richtigen Weg? Erfüllen wir mit den angedachten und vielleicht schon angeschobenen Maßnahmen einer geplanten Produkteinführung wirklich die Bedürfnisse unserer Konsumenten? Dauerndes Hinterfragen scheint mir wichtig: „Verrennen wir uns hier eigentlich gerade oder sind wir noch on track? Haben wir die Bedürfnisse unserer Konsumenten im Blick?" Bei einem Produktlaunch geht es um den Kunden und in einem Transformationsprozess können auch die Bedürfnisse meiner Belegschaft als zentrales Leitmotiv verstanden werden.

❓ Was sind deiner Meinung nach die größten Fehler in Veränderungsprozessen?

Ich bin davon überzeugt, dass man den Prozess von Anfang an verloren hat, wenn man sich hinsichtlich der Maßnahmen und der Kommunikation nicht an den Bedürfnissen der Betroffenen orientiert.

❓ New Work ist in aller Munde. Ein wichtiger Punkt ist die Führung von morgen. Wie unterscheidet sich deiner Meinung nach die Führungskraft der Zukunft von der heutigen und worauf müssen Führungskräfte heute achten, um den Anschluss nicht zu verlieren?

Bei dieser Frage fällt mir sofort ein Zitat ein, welches ein ehemaliger Kollege häufig verwendet hat: „Die Zukunft ist schon da, sie ist nur unterschiedlich verteilt." Das trifft auf viele Bereiche zu und auf Führung trifft das auf jeden Fall zu. Moderne Führung lebt von Transparenz und Kommunikation auf Augenhöhe. Als Führungskraft versuche ich der Idee zu folgen, Coach meiner Mitarbeiterinnen und Mitarbeiter zu sein. Ich verstehe es als meine Aufgabe, Hürden aus dem Weg zu räumen, die meine Mitarbeiterinnen und Mitarbeiter daran hindern, ihr volles Potential zu entfalten. Das ist für mich Führung im Sinne von New Work. Ist so eine Art der Führung über die Branchen und Unternehmen verteilt? Das glaube ich nicht. Ist es die richtige Form der Führung? Davon bin ich überzeugt und ich glaube daran, dass sich diese Variante durchsetzen wird.

Das Konzept der authentischen Führung befinde ich ebenfalls als sehr ansprechend. Hierzu habe gerade einen Artikel der Freien Universität Berlin gelesen: Wenn sich eine Führungskraft selbst als authentisch wahrnimmt, dann profitiert das ganze Team davon. Die Forscher haben bei den Mitarbeitern ein höheres Maß an Identifikation und Vertrauen in die Führungskraft vorgefunden. Hierdurch wiederum steigt das Leistungsniveau eines Teams. Das bedeutet; wer mit sich selbst im Reinen ist, der führt auch besser. Wenn ich mir für die Zukunft unserer Arbeitswelt etwas wünschen dürfte, dann wären das Führungskräfte, die auf authentische Art und Weise führen.

Transformation: Viele sagen fünf Prozent Digitalisierung und 95 Prozent der Mensch? Was meinst du, worauf kommt es wirklich an?

Ich habe nachgeschaut: „Transformare, aus dem Lateinischen, bedeutet Umformen." Das klingt für mich nach einer Form der Gestaltung und ich finde; Gestalten sollten Menschen. Es geht um die Menschen, die ihr Umfeld beziehungsweise ihre Arbeitswelt gestalten sollten, deswegen bin ich der Auffassung, dass der Mensch im Mittelpunkt stehen sollte. Idealerweise entwickeln wir Menschen auch die Technologien gemäß unseren Bedürfnissen. Diesbezüglich hoffe ich, dass wir eine saubere Verteilung hinbekommen. Es gibt heute sicherlich Bereiche, in denen wir sehr schnelle, durch Technologie getriebene Transformationsprozesse sehen, wo wir schnell von A, B, C auf D kommen. Gleichzeitig existieren noch viele Bereiche, beispielsweise in der Gesundheitsbranche, die noch deutlich weniger digitalisiert sind. Eine gleichmäßigere Verteilung hinzubekommen, scheint mir sinnvoll zu sein.

Transformation in einem Satz: Wie würde dieser lauten?

Drei Worte genügen: „Annehmen, angehen und nutzen."

Dr. Sabine Johannsen

ist niedersächsische Staatssekretärin für Wissenschaft und Kultur. Veränderung trieb sie zuvor als Vorstandsmitglied der NBank.

❓ Was würdest du anderen Unternehmern, die aktuell vor Veränderungsprozessen stehen, oder solchen, die sich auf die Zukunft vorbereiten möchten, mit auf den Weg geben? Was sind deine Tipps?

Mein Tipp ist, innerhalb des Unternehmens eindeutig zu kommunizieren, was das Unternehmensziel ist. Des Weiteren sollten die Mitarbeiter verstehen, was sie davon haben, wenn sie diese Veränderung mitmachen. Wenn man sich als Unternehmer über diese Aspekte im Klaren ist, dann kann man die meisten Mitarbeiter auch mitnehmen. Man wird nicht alle mitnehmen können. Man muss aber die große Masse derjenigen, die offen für die Zukunft und die Weiterentwicklung sind, motivieren. Das kann man nur leisten, wenn alle wissen, wo das Unternehmen hinmöchte, und wenn alle einen Vorteile aus der Veränderung schöpfen können. Das müssen nicht monetäre Vorteile sein. Das können auch Vorteile wie mehr Freiheiten und Autonomie sein.

❓ Was sind die größten Fehler in Veränderungsprozessen?

Die Spitze weiß selbst nicht, wohin sie möchte, und schafft dadurch keine Veränderungsenergie innerhalb der Organisation. Ebenso mangelt es oft an Konsequenz und Transparenz im Zuge von Change-Prozessen. Sowohl in der Wirtschaft als auch in der Politik habe ich die Erfahrung gemacht, dass die Konsequenz nicht gelebt wird, sondern der Prozess abgebrochen wird, obwohl man den Prozess hätte anders gestalten können, um zum gleichen Ziel zu gelangen. Und Konsequenz bedeutet, die Zielerreichung nahtlos zu verfolgen und die Flexibilität für die gemachten Erfahrungen und deren Integration in den Prozess trotzdem nicht zu verlieren.

❓ Ein wichtiger Punkt ist auch die Führung von morgen. Was glaubst du; was macht eine gute Führungskraft von morgen aus?

Sie muss nicht alles wissen, sondern sie muss das Wissen der Mitarbeiter fördern. Ich habe mal ein Dreieck aufgezeichnet: Freiheit, Verantwortung, Vertrauen. Freiheit kann man als Mitarbeiter nur leben, wenn man die Verantwortung auch annimmt. Und das geht wiederum nur, wenn ein Mitarbeiter das Vertrauen der Führung beziehungsweise der Führungskraft genießt. Dieses Dreieck muss wirklich gut bespielt werden. Das müssen auch die Mitarbeiter lernen. Freiheit übernimmt nicht jeder gerne. Manche Menschen bevorzugen es, gelenkt zu werden. Auch Verantwortung übernehmen die wenigsten gerne. Eine adäquate Fehlerkultur gehört zu diesem Konzept ebenfalls dazu. Man sollte nämlich die Freiheit haben, mit seiner Arbeit weiterzumachen, auch nachdem Fehler gemacht wurden.

Das sollten vor allem die Führungskräfte im Rahmen der Digitalisierung berücksichtigen. Schlussendlich bedeutet eine adäquate Fehlerkultur aber einen Prozess, der nicht nur an der Führungskraft hängenbleibt, sondern Thema des ganzen Unternehmens und der Unternehmenskultur sein sollte.

Transformation: Viele sagen 5% Digitalisierung und 95% Mensch. Was meinst Du? Worauf kommt es wirklich an?

Der Mensch ist der kritische Faktor. Wenn der Mensch nicht will, wird die Transformation einer Organisation nicht gelingen.

Digitale Transformation in einem Satz, wie lautet dieser?

Digitale Transformation geht nur über Köpfe - das Brain ist entscheidend. Wenn das richtig eingesetzt wird, kann die digitale Transformation funktionieren.

Florian Ahle

ist Google Innovation Evangelist und war zuvor als BMW-Designer und Werbeleiter aktiv. Florian ist Experte in den Bereichen Innovation Culture, Creative Leadership und New Work Diversity.

❓ Welche wichtigen Tipps würdest du einer Firma geben, die vor einer Veränderung, Transformation beziehungsweise Produkteinführung steht?

Kümmert euch zuerst um eure Kultur - um die Unternehmenskultur, aber auch um die Innovationskultur. Denn Innovation und Kreativität sind die wertvollsten Treiber für den Erfolg einer Transformation. Viele Firmen wenden sehr viel Zeit und Budget für ihre Strategie auf, vergessen aber, sich um ihre Kultur zu kümmern. „Culture eats Strategy for Breakfast", von Peter Drucker, hat jeder schon einmal gehört. Dennoch vergessen viele im Alltag auch wirklich danach zu handeln. Strategie, Kultur und auch die eigenen Fähigkeiten sollten eng zusammenarbeiten.

Natürlich ist es auch wichtig, die richtigen Fragen zu stellen, sich selbst radikal zu hinterfragen und die richtigen Partner für die Transformation zu finden. Partner, die dabei helfen, zu lernen und die richtigen Kompetenzen zu entwickeln. Denn Kompetenzen müssen entwickelt werden. Ich finde es oft erschreckend, wie wenig Firmen in die Weiterbildung ihrer Mitarbeiter investieren. Dabei stellen doch die Mitarbeiter oft den größten Kostenpunkt in einer Firma dar und sollten dementsprechend zuallererst versorgt und mitgenommen werden. Zudem sollte man darauf achten, dass man als Firma beziehungsweise Führungskraft agil, offen und geistig flexibel bleibt. Firmen wie Google sind nicht zuletzt deshalb extrem erfolgreich, weil sie nicht zögern, Prozesse, Produkte und Services schnell zu verändern oder auch über Bord zu werfen. Wer sich nicht bewusst von Gewohntem trennen kann, ist nicht bereit für eine Transformation.

Worauf sollten Unternehmen im Zuge ihrer Transformation besonders achten?

Man sollte darauf achten, ein gemeinsames Verständnis zwischen den Menschen zu schaffen. So kann man die Kompetenzen der eigenen Mitarbeiter aufbauen, denn die Mitarbeiter sind die Firma und müssen von Anfang an mit auf die Reise genommen werden. Nach den Mitarbeitern ist der Kunde am wichtigsten. Die Kundenprobleme sind meine eigenen Probleme.

Was sind deiner Meinung nach die größten Fehler, die im Zuge einer Transformation, Markenführung, Produkteinführung häufig begangen werden?

Der Kunde wird im Zuge von Entscheidungsprozessen nicht konsequent im Fokus behalten, es werden nicht rechtzeitig die richtigen internen und externen Partner eingebunden, nicht genügend Kompetenzen aufgebaut, kein persönlicher Austausch gesucht - und es wird die Outside-In-Perspektive nicht ausreichend eingenommen. Ich sehe oft, dass der Kunde bei wichtigen Entscheidungsprozessen nicht im Mittelpunkt bleibt, weil man den Ressourcenmangel oder gar die Unfähigkeit des Kunden in den Vordergrund schiebt. Die besten Produkte und Services entstehen, wenn man sich nicht um eine große Idee, sondern um die Lösung eines großen Problems bemüht und dabei bis zum Schluss maximal transparent und selbstkritisch bleibt.

„Done is better than perfect" - statt eines strategischen Plans, bitte einfach machen. Wenn man eine richtig gute Idee killen will, muss man einfach möglichst lange drüber reden, viel darüber nachdenken und diskutieren. Just do it. Punkt.

❓ Alle reden von New Work. Ein wichtiger Punkt ist das Zusammenspiel von Menschen in Projekten und Organisationen. Welchen Skills sollten der Chef und Mitarbeiter von morgen besondere Aufmerksamkeit widmen?

Die Welt wird nie wieder so langsam sein wie heute. Die Geschwindigkeit wird zunehmen. Man muss bereit sein, sich auf Jobs und Aufgaben vorzubereiten, die es heute noch nicht gibt. Somit gehören Mut, Kreativität, fachliche Kompetenz, emotionale Intelligenz, Transparenz und Ausdauer zu den Key-Skills. Man muss bereit sein, sich auf Neuland zu begeben, sich fachlich immer wieder zu qualifizieren und für neue Herausforderungen zu begeistern, die man heute noch nicht einmal benennen kann.

Zudem ist es wichtig, dass wir alle kritische Denker und Entscheider bleiben und in der Lage sind, unsere Zukunft aktiv zu beeinflussen. Lebenslanges Lernen muss selbstverständlich sein. Die Zukunft ist jetzt.

Wie sieht für dich die Lebens-, Arbeits- und Kundenwelt in 2030 aus? Welche Technologie beziehungsweise welche Veränderung wird in den nächsten 10 Jahren der größte Treiber sein?

Wir sind schon im Age of machine learning: Kinder sollten heute nicht unbedingt lernen, wie man programmiert. Aufgrund von Deep Learning werden das Maschinen besser und schneller als wir machen können. Kreativität wird allerdings immer wichtiger sein, besonders in der neuen Welt.

Artificial Intelligence und Cloud Solutions beeinflussen heute alle relevanten technologischen Veränderungen. Software installiert keiner mehr von einer CD oder einem lokalen Server aus. Software as a Service hat das sehr vereinfacht. Durch Cloud-basierte Collaboration Tools können Teams viel schneller und einfacher zusammenarbeiten.

Durch neue Marken und Services sind die grundlegenden Erwartungshaltungen der Kunden in den letzten Jahren radikal gestiegen: „I want it now, I want it fast, I want it my way". Unsere Ansprüche an Geschwindigkeit, Qualität und Personalisierung sind gestiegen. „Seamless" Customer Journeys werden immer wichtiger: Selbstlernende Systeme, Antworten in Sekunden, zahlweniger-für-mehr etc.. Man muss davon ausgehen, dass sich diese Trends noch weiter verstärken und somit auch der Einfluss und die Bedeutung von Daten zunehmen werden. Data Driven Business bleibt der größte Erfolgsfaktor in den nächsten Jahren: Data Driven Marketing, Data Driven Products, Data Driven Organisation, Data Driven Strategy. Daher empfehle ich auch jedem, sich mit Data anzufreunden. Data ist spannend, Data ist überall, Data ist wichtig. Nutzt bei wichtigen Entscheidungen unbedingt Daten, keine Meinungen.

Transformation: Viele sagen 5% Digitalisierung und 95% Mensch. Was meinst du? Worauf kommt es wirklich an?

Sprache. Bei Transformation kommt es für mich auf die gemeinsame Sprache und auf das daraus resultierende gemeinsame Verständnis an. Ich sehe, dass Transformationsprojekte in Firmen oft scheitern, weil an den entscheidenden Stellen nicht rechtzeitig Verständnis, Kompetenzen, Budget oder der richtige Fokus geschaffen wird. Sowohl hinsichtlich der Herausforderungen als auch der Chancen der Zukunft, haben wir gar keine andere Wahl, als uns zu bewegen. Nichts ist dringlicher als die Transformation. Das muss erst mal verstanden werden – von allen Beteiligten. Und das funktioniert ausschließlich über die Sprache. Es ist wichtig, vorbereitet zu sein und das große Ganze nicht aus den Augen zu verlieren.

Was bedeutet Transformation für dich in einem Satz?

Transformation ist die Veränderung vom Status Quo - hin zu mehr Innovation, mehr Kundenfokus, mehr Zukunftssicherheit, mehr Transparenz, mehr Anpassungsfähigkeit, mehr Agilität, mehr Netzwerkeffekten und einem besseren Verständnis der eigenen Möglichkeiten.

Stephan Grabmeier

ist Thought Leader für Innovation, New Work sowie Sustainable Transformation. Zu seinen Kunden zählt die deutsche Wirtschaftselite. Darüber hinaus ist er erfolgreicher Autor und Speaker.

Welche wichtigen Tipps würdest du Unternehmen geben, die vor einer Transformationsveränderung stehen?

Ich bin seit über dreiundzwanzig Jahren in den Bereichen Change und Transformation tätig, sprich in der Begleitung von Veränderungen in großen und kleinen Unternehmen. Für mich gibt es zwei wesentliche Punkte, damit Veränderungen erfolgreich funktionieren können. Es ist einerseits die Konsequenz und andererseits die Kooperationsbereitschaft der Menschen, die in einer Organisation arbeiten. Veränderung gelingt nur, wenn man eine Transformation mit all ihren Konsequenzen auch wirklich will. Es ist also wichtig, umfassend zu analysieren, wo die Reise hingehen soll, und diese Reise dann mit aller Konsequenz auch voranzutreiben. Mit aller Konsequenz heißt, immer ein

Vorbild zu sein. In der Verhaltensökonomie spricht man von den sogenannten believe updates. Ein Beispiel: Wenn Eltern ihren Kindern erklären, dass sie bei Rot nicht über die Ampel gehen dürfen, die Eltern das aber trotzdem tun, dann habe die Eltern das believe update gebrochen. Das Vertrauen ist gebrochen. So ähnlich verhält es sich bei einer Transformation. Wenn ich als Unternehmer eine wirkliche Veränderung will, neue Werte einführen will, neue Technologien, neue Arbeitsweisen oder New Work zum Leben erwecken, neue Geschäftsmodelle etablieren, dann muss ich das auch mit aller Konsequenz, Fokus, Investitionen, Ressourcen und Mut wirklich durchziehen. Ich glaube, das ist für mich das Allerwichtigste. Wichtig ist auch, die Mitarbeiter mitzunehmen. Partizipation ist eines der höchsten Güter unserer Gesellschaft. Man wird Menschen nur dafür gewinnen können, für etwas einzustehen, wenn ein sogenanntes public good vorhanden ist - ein gemeinsamer Zweck, an den alle Beteiligten glauben können. Da geht es nicht mehr um das kognitive, faktische oder fachliche, sondern um das emotionale Thema. Wo wollen wir uns gemeinsam hin entwickeln? Ich muss Menschen eine Stimme geben. Ich muss sie beteiligen. Das heißt nicht, dass ich auf Basisdemokratie umstelle, sondern ich muss Menschen strukturiert beteiligen - sie mitwirken lassen. Fünfzehn von sechzehn Entscheidungen werden im Kollektiv besser getroffen als von einzelnen Experten. Ich muss die kollektive Intelligenz nutzen, aber damit meine ich nicht die Schwarmintelligenz. Die Schwarmintelligenz bewirkt, dass im Fußballstadion eine La Ola-Welle gemacht wird, aber nicht, dass eine intelligente Entscheidung getroffen wird. Um die kollektive organisationale Intelligenz zu nutzen, nutze ich bestimmte Methodiken wie Prediction, Markets oder Jams, welche die Mitarbeiter dazu bringen, ihre Sichtweisen, ihre Ratschläge, ihr Knowhow, ihr Expertenwissen und ihr Erfahrungswissen zu offenbaren. Je höher die Partizipation ist, umso höher ist die Kooperationsbereitschaft und umso größer ist die Wahrscheinlichkeit für Erfolg. Zusammenfassend sind meine zwei wichtigsten Punkte: a) Konsequenz zwischen denjenigen, die Transformationen durchführen wollen, und b) mit allen Mitteln Kooperationsbereitschaft ermöglichen.

Was sind die größten Fehler, die im Zuge von Veränderungsprozessen, Produkteinführungen und Markeneinführungen begangen werden?

Der größte Fehler ist, wenn man keine Fehler machen will – wenn man sehr groß denkt und viel zu spät auf den Markt oder in einen Veränderungsprozess geht. Wenn man zu lange im Verborgenen bleibt, im Kleinen. Wenn man zu lange plant und viel zu spät loslegt. Ich glaube an die Lean Start-up Philosophie, sprich Produkte und/oder Ideen schnell zu entwickeln, sogenannte Minimum Viable Products (MVP) zu bauen und damit schnell Ergebnisse zu erzielen. Im verhaltensorientierten Change Management sprechen wir von sogenannten minimal invasiven Ergebnissen. Das heißt, Dinge so kleinteilig wie möglich umzusetzen. Ich bin ein Fan von viraler Transformation, in einer kleinen Zelle anzufangen, mit minimal invasiven Themen einen kleinen Hack durchzuführen und zu prüfen, ob er funktioniert? Und wenn er gut ist, ihn zu wiederholen, wenn er nicht gut ist, ihn wieder über den Haufen werfen und mit dem nächsten zu starten. Das Schöne ist, wenn eine dieser Maßnahmen erfolgreich ist, dann ändern wir die Richtung im Viralen von Push zu Pull. Wir verändern nicht ein ganzes System, sondern wir werden attraktiv für die Teile eines Systems. Wenn ich mit meinem Team eine Veränderung erfolgreich durchführe, bin ich dadurch ein Vorbild für andere, dann werde ich interessant. Dann kommen andere zu mir und sagen: „Wow, was habt ihr denn da gemacht. Könntest du mir das mal zeigen?" Das ist der Moment, in dem von Push auf Pull umgestellt und somit ein viraler Effekt erzeugt wird. Einer der größten Fehler ist, rein in Push zu denken. Zu denken, dass Innovationen in einem kleinen Kern entstehen und nicht partizipativ zu denken. Wenn ich in agilen Prinzipien und im Lean Start-up-Modus denke, dann passieren Fehler hoffentlich sehr schnell und früh. Man spricht nicht über Fehler, sondern man lernt sie viel früher kennen.

■_ Ein wichtiger Punkt ist die Führung von morgen. Wie unterscheidet sich deiner Meinung nach die Führung der Zukunft von der heutigen und worauf müssen Führungskräfte heute achten, um den Anschluss nicht zu verlieren?

Erstens müssen Führungskräfte vielfältiger werden. Wir wissen aus der Systemtheorie, dass wir das System, in dem wir uns befinden, immer so bauen müssen, wie das System, das uns umgibt. Sind wir in komplexen Märkten unterwegs, müssten wir eine komplexe Organisation bauen und lernen, mit ihr umzugehen. Der gängige Reflex ist: Wir müssen Komplexität vermeiden. Das ist von Anfang an falsch gedacht. Komplexität heißt, wir müssen mehr Dinge können. Man spricht von der Ambidextrie, der sogenannten Beidhändigkeit. Diese Vielfalt drückt sich insbesondere in der Führung aus. Hat man früher noch von einem dominanten Führungsstil gesprochen, praktiziert man das mittlerweile schon lange nicht mehr so. Letztes Jahr haben wir eine Studie veröffentlicht: Die Kunst des Führens im digitalen Wandel. Wir sind auf sieben verschiedene Führungsstile gekommen. In der Ambidextrie gibt es sowohl die absichernden und durch Effizienz getriebenen, sprich transaktional getriebenen Führungsstile, als auch den transformationalen Stil im Rahmen der Exploration. Wir haben die strategische und ethische Führung in der Varianz. Das sind die zwei am meisten geforderten Führungsstile von Mitarbeitern. Führungskräfte müssen lernen, vielfältiger zu sein und nicht nur in Form eines Führungsstils, sondern in Form einer Führungsarchitektur zu agieren. Das wiederum heißt, dass mehr im Team und weniger egozentrisch gedacht werden sollte - wie in einem ganzheitlichen Führungs-Ökosystem.

Transformationen. Viele sagen 5 % Technik und 95 % Mensch. Was meinst du?

Ich würde sagen, dass das Verhältnis eher bei 20/80 liegt. Die Digitalisierung bringt systemverändernde Aspekte mit sich, die sehr groß sind und auf die wir Menschen keinen Einfluss haben. Daher sehe ich die Veränderungskraft eher auf der technischen Seite. Aber letztendlich ist es der Mensch, der Veränderungen treibt.

Transformation in einem Satz. Wie würde dieser lauten?

Transformation heißt, in der Lage zu sein, sich kontinuierlich an seine Umgebung anzupassen und ihr immer einen Schritt voraus zu sein. Die wichtigsten Kompetenzen hierfür sind die Kreativität und die Lernagilität.

Benjamin Bartoli

ist Experte im Bereich Design Strategie und Business Innovation für diverse Geschäftsbereich im Porsche Konzern.

❓ Du bist Experte im Bereich der Produktentwicklung - was sind die größten Fehler, die in diesem Bereich gemacht werden können?

1. Den Kunden nicht in den Fokus zu nehmen: Wer Digitale Produkte oder Dienste für eine bestimmte Zielgruppe entwickelt, ohne diese in seinen Entwicklungsprozess miteinzubeziehen - und damit meine ich nicht nur, sich über die Zielgruppe zu informieren, sondern sie aktiv in den Schaffensprozess einzugliedern -, handelt grob fahrlässig und wird spätestens nach Go Live merken, dass sein Produkt entweder floppt oder unter hohem Kostenaufwand (durch Debuging) gerettet werden muss.

2. Das Arbeiten auf Grundlage von Annahmen: Immer wieder sehe ich, dass man sich während der Produktentwicklung durchaus mit der Zielgruppe beschäftigt,

aber es sich lediglich um Annahmen und Erfahrungswerte handelt. Es gibt die 5W-Methode: Man fragt fünfmal hintereinander nach dem Warum, Weshalb oder Wieso. Die Idee dahinter ist, den Kern des Problems zu verstehen, um Lösungen zu entwickeln, wo sie ihren Ursprung haben. Probiere das mal aus, ohne deine Zielgruppe am Tisch zu haben. Man wird sich schnell im Reich der Spekulationen wiederfinden.

3. Zu wenig Interdisziplinarität in der Produktentwicklung: Man braucht eine Team-Konstellation, die sich gegenseitig abfängt und befruchtet. Man braucht den kreativen Freigeist, um an neue Dimensionen denken zu können, an die kein anderer zuvor gedacht hat - genauso wie man den konservativen Zahlenschieber braucht, um das Produkt nachhaltig, durchdacht und sicher zu entwickeln.

Alle reden von New Work. Ein wichtiger Punkt scheint das Zusammenspiel von Menschen in Projekten und Organisationen zu sein. Welchen Skills sollen der Chef und die Mitarbeiter von morgen besondere Aufmerksamkeit widmen?

Ich bin der Meinung, dass New Work und Agilität ihrem aktuellen Verständnis nach nicht der Weisheit letzter Schluss sind, aber ich glaube, dass deren Definitionen, so wie sie inzwischen wahrgenommen werden, der bestmögliche Ansatz ist, um Chefs und Mitarbeiter auf eine bestimmte Arbeitsphilosophie einzustellen. Das Problem, zum Beispiel mit Agilität, ist Folgendes: Es mag sein, dass es in der Theorie die effizienteste Arbeitsweise ist, keine Frage, aber wenn du in deinem interdisziplinären Team jemanden hast, der fachlich ein absoluter Experte ist, aber überhaupt kein Teamplayer, dann wird er in diesem Modell untergehen. Und genau da sehe ich das Problem. Wir schaffen es nicht, hybride oder modulare Arbeitsmodelle zu entwickeln, die beide Welten zusammenführen. In den Projekten, in denen ich tätig war, gab es meistens nur die beiden Modelle „Agile" oder „Wasserfall". Und da sollen mehrere Millionen Angestellte, die wir allein in Deutschland in der Digitalisierungsbranche haben, reinpassen? Wir brauchen einen Baukasten und keine Arbeitstrends.

Noch viel wichtiger ist aber die Grundhaltung zur Arbeit, denn noch nie zuvor war eine Innovationskraft wie heutzutage gefragt. Der Wunsch nach mehr Innovation und Technologie in immer kürzer Zeit wird eher stärker als weniger werden. Das bedeutet doch für jeden Arbeitgeber automatisch, dass er ein maximal ungezwungenes Umfeld für seine Mitarbeiter schaffen muss, damit er genau diese Innovationskraft abschöpfen kann. Zum einen brauch es einer offenen Fehlerkultur, die so früh und so schnell wie möglich zu identifizieren erlaubt, was funktioniert und was nicht. Wir müssen weg vom das-ist-richtig-und-das-ist-falsch-Denken, hin zu: Das hat früher funktioniert und wie könnte es noch funktionieren. Allein wenn wir anfangen, die Problemlage auf so eine Art umzuformulieren, schaffen wir Räume, um Neues zu wagen. Somit komme ich für mich zur Schlussfolgerung, dass eine gute Führungskraft ein Brückenbauer sein muss, ein Mensch, der sein Team empathisch zu guter Leistung animiert und motiviert. Die Führungskraft von morgen sieht sich selbst nicht als Führungskraft, sondern als Coach, Mentor, Moderator und Förderer und definitiv nicht als Herr der Zahlen, Daten und Fakten. Diese Verantwortung kann und wird unter den richtigen Umständen ein ganzes Team mittragen.

Wie schafft man es, den klassischen 9 to 5-Mitarbeiter mitzunehmen? Geht das überhaupt?

In meinem Umfeld habe ich wenig von den sogenannten 9 to 5-Kollegen. Aber natürlich kenne ich solche Mitarbeiter auch durch meine Kunden und aus meiner Vergangenheit. Ich hatte es schon in meiner Ausführung zuvor angerissen; wir brauchen dringend Arbeitsmodelle, die modular und hybrid funktionieren. Das verändert die Arbeitsweise und Moral der 9 to 5-Mitarbeiter natürlich nicht von Grund auf, aber das bringt eine Verbesserung. Jeder Mensch hat ein Warum: Warum arbeitet der eine komplett teilnahmslos, während der andere den gleichen Job mit viel Engagement und Leidenschaft erledigt? Wenn wir das Warum kennen und verstehen, dann können wir darauf eingehen und Maßnahmen einleiten, die im Rahmen der Möglichkeiten liegen. Solange die Maßnahmen im Großen und Ganzen rentabel sind, sollten wir dem Mitarbeiter diese zugestehen. Wer es schafft, eine Organisationskultur für jede Art von Mitarbeiter zu realisieren, der kann auch in Zukunft wunderbar mit den 9 to 5-Mitarbeitern wirtschaften.

Digitale Transformation in einem Satz, wie lautet dieser bei dir?

Vorab: „Digital" ist für mich nur das aktuell bestmögliche Vehikel, mit dem wir unsere Ziele und Bedürfnisse am effizientesten bedienen können. Vor über 150 Jahren war das z.B. die Dampfmaschine. Somit ist „digitale Transformation" für mich die Erlaubnis, den Status Quo zu jeder Zeit zu hinterfragen - unter den Voraussetzungen der aktuell verfügbaren technischen Möglichkeiten.

Barbara Possinke

ist Gesellschafterin bei RKW Architektur +, einem der führenden Architekturbüros Deutschlands.

❓ Welche wichtigen Tipps würdest du Unternehmen geben, die vor einer Transformation, Veränderung oder Produkteinführung stehen?

Wir leben in einer Zeit, in der es wieder um Haltung und Überzeugung geht. Und darum, keine falschen Kompromisse zu machen, nicht einfach wegzuschauen. Die heutige Zeit verlangt von Unternehmern eine klare Meinung und Positionierung zu den großen Fragen der Gegenwart. Für mich sind das der Klimawandel, das Artensterben und die großen Natur-Umwälzungen. In der heutigen Zeit des Materialismus und der auf ungebremstes Wachstum ausgerichteten Volkswirtschaften wird es schwierig, gar unmöglich, die Balance zwischen Natur und Konsum zu finden. Die Demokratien sind nervös, ihre Instrumente scheinen verletzlich und fragil zu sein. Es ist daher unerlässlich, Farbe zu bekennen und die gemeinsamen demokratischen und europäischen Ziele mitzugestalten. Die

Unternehmen der Zukunft, damit meine ich auch unser eigenes Unternehmen, müssen sich hier ganz klar zu einer Strategie bekennen - und da gibt es meiner Meinung nach nur zwei Alternativen: Entweder folgt man dem aktuellen Pfad, sein Unternehmen auch in der Zukunft auf Rendite und Gewinne auszurichten, oder man positioniert sich neu. In unserem Fall heißt das: Wir können entweder alle Aufträge annehmen; ganz egal, wie nachhaltig und für die Allgemeinheit wertschöpfend Bauvorhaben umgesetzt werden. Oder wir übernehmen Verantwortung und realisieren nur noch die Projekte, die einer für unseren Planeten vertretbaren und trotzdem wirtschaftlichen Umsetzung entsprechen. Und hierzu muss man sich den klassischen marktwirtschaftlichen Bedingungen entgegensetzen. Das ist wiederum extrem schwer. Ich glaube aber, dass es keine andere Möglichkeit mit Blick auf die globalen Veränderungen gibt.

Was ist deiner Meinung nach der größte Fehler der aktuellen Bauweise?

Die heutige Bauweise, aber auch die der vergangenen Epochen, ist ein Teil der kunsthistorischen Entwicklung der aufeinanderfolgenden Stile; somit wurden Gebäude nach den Kriterien der Schönheit der Fassade oder der außergewöhnlichen formalen Lösungen beurteilt und gingen auch als solche in die Geschichte ein. Der größte Fehler lag darin, die Weiterentwicklung und Anwendung der nachhaltigen Baustoffe nie als ein Kriterium „guter Architektur" zu sehen. Auch die Tatsache, dass für eine gotische Kathedrale ganze Landschaften abgetragen wurden, stellte niemand in Frage. Die gezielte Anwendung der nachwachsenden Baustoffe steckt auch heute noch in den Kinderschuhen und ist lange noch kein Standard. Aber auch, wenn wir jetzt die Möglichkeiten haben, nachhaltig und energieeffizient zu bauen, und auch, wenn wir wissen, dass dieser Weg unumgänglich ist, werden - da es keine öffentlich-rechtlichen Vorschriften gibt - weiterhin Bauvorhaben nach dem Prinzip der größtmöglichen Rendite beschlossen, also „billig". Wir sind von der klassischen, herkömmlichen

Bauweise und Architektur-Interpretation bisher leider nicht abgerückt.

❓ New Work ist in aller Munde - wie unterscheidet sich deiner Meinung nach die Führungskraft der Zukunft von der heutigen?

Eine gute Führungskraft ist Teil des Teams und arbeitet gemeinsam mit seinen Mitarbeitern an der Zielerreichung. Sie ist ein Vorbild für den Umgang und die Kommunikation untereinander. Sie lebt nicht innerhalb der Hierarchie, vielmehr nutzt sie die Möglichkeiten der neuen Arbeitsweisen, um Ideen aller Mitarbeiter einzubeziehen und gemeinsam die Lösung für die jeweilige Herausforderung zu gestalten. Bei klassischen Punkten wie Unternehmensstrategie, Personalverantwortung und Wirtschaftsplanung sollte wiederum die Vorreiterrolle bei der Führungskraft liegen. Ich glaube, ein wichtiger Aspekt einer guten Führungskraft ist die Fähigkeit, die Potenziale und auch den Wissensstand im Team zu überblicken, um am Ende jedes einzelne Teammitglied dabei zu unterstützen, sich weiterzuentwickeln. Sie fördert den Einzelnen und begeistert das Team für Neues und auch dafür, die Themen im ganzheitlichen Sinne des Unternehmens umzusetzen. Führungskräfte sind Werbe- und Werteträger der Organisation.

❓ Digitale Transformation in einem Satz - wie lautet dieser?

Die digitale Transformation hat die Globalisierung hervorgerufen und beschleunigt; die Erschließung der bisher „unangetasteten" Kulturen und Landschaften, somit deren Verbindung zu den globalen Finanzmärkten und großen Unternehmen, wurde durch die Digitalisierung erst möglich gemacht. Aber: Unsere allgemeine Weltanschauung wurde von der Digitalisierung nicht besonders geändert oder beeinflusst: Wir halten an alten Mustern fest, obwohl wir das Privileg hätten, an allen Informationen und Geschehnissen der Welt teilzuhaben.

Saskia Grossmann

ist Gründerin von TRSNFRM, einem auf Veränderung spezialisierten Podcast, und Expertin im Bereich Employee Experience.

?_ Welche wichtigen Tipps würdest du Unternehmen geben, die vor einer Transformation, Veränderung oder Produkteinführung stehen?

Ich befinde es für wichtig, dass Firmen es schaffen, eigene Wege zu finden. Aktuell sehen wir, dass Firmen, die sich in Transformations- oder Veränderungsprozessen befinden, zu Amazon, Axel Springer und Google fahren, sich Start-ups und das Valley anschauen, um deren Prozesse zu kopieren. Für den Anfang ist daran überhaupt nichts auszusetzen. Allerdings lassen sich anhand der großen und erfolgreichen Konzerne keine Blaupausen für das eigene Unternehmen erstellen. Wir müssen als Unternehmen anerkennen, dass es für Transformation beziehungsweise Veränderung keine Blaupause gibt. Das macht es auf der einen Seite schwierig. Das heißt aber auch, dass jeder seinen eigenen Weg finden muss und kreieren kann. Ich schließe daraus, dass es ganz gut ist, ein bisschen mehr Mut zu haben und schneller Entscheidungen zu treffen. Vor allem in unsicheren Situationen sollte man nicht immer erst den Business Case für die kommenden zehn Jahre berechnen wollen, bevor man eine Entscheidung trifft. Im Zuge von Veränderungsprozessen gibt es häufig gar keinen Business Case - es gibt keinen Proof of Concept und auch keine verlässlichen Zahlen, die man als Referenz verwenden könnte. Wenn sich die Welt immer weiter und immer schneller wandelt, müssen wir es als Unternehmen schaffen, flexibler auf die Veränderungen zu reagieren. Das geht nur, wenn man als Unternehmen schnell Entscheidungen treffen und reagieren kann.

Mein größter Tipp ist allerdings, sich auf die Menschen zu konzentrieren. Damit meine ich sowohl die Kunden als auch die Mitarbeiter. Ich bin fest davon überzeugt, dass man als Unternehmen immer zukunftsfähig sein wird, solange man seinen Kunden einen Mehrwert liefert.

New Work ist in aller Munde. Wie unterscheidet sich deiner Meinung nach die Führungskraft der Zukunft von der heutigen und worauf müssen Führungskräfte achten, um den Anschluss nicht zu verlieren?

Ich glaube nicht, dass es diesen unglaublichen Unterschied zwischen alter und neuer Führung gibt. Ich glaube, dass sich Führungskräfte wieder viel mehr darauf besinnen müssen, was der Grundgedanke von Führung ist. Aus meiner Sicht ist der Grundgedanke von Führung, Potentiale zu entfalten und Menschen besser zu machen. Ich glaube, diesen Gedanken haben wir als Führungskräfte ein bisschen verloren. Führungskräfte sind ganz oft nur KPI-Verwalter. Und sie werden selber auch von KPIs getrieben. In solchen Fällen bleibt das Thema der Entwicklung von Menschen ganz oft auf der Strecke. Doch gerade in der digitalen Welt ist es wichtig, dass man sich als Führungskraft auf den Menschen und auf die Mitarbeiter, die man im Team hat, zurückbesinnt. Man sollte sich eingestehen, dass die Haltung "One Size fits All" im Führungsverhalten nicht mehr funktionieren wird. Wenn wir heutzutage mehr heterogene und diverse Teams als früher haben, dann wird es in Zukunft eine Kernkompetenz von Führungskräften sein, situativ führen zu können, um sich auf individuelle Bedürfnisse einstellen zu können. Es ist wichtig, sich darum zu kümmern, was ein Mitarbeiter in seiner aktuellen Lebensphase braucht. Das Thema Eigenverantwortung ist ein gutes Beispiel. Es gibt genug Mitarbeiter, die wollen gar nicht viel Verantwortung haben und die der Meinung sind, dass Führungskräfte dazu da sind, um die Verantwortung zu tragen. Wir müssen vom Schwarz-Weiß-Denken wegkommen. Eine Führungskraft muss verstehen, wie sie ihren Mitarbeitern ein wachstumsförderndes Umfeld schaffen kann. Ganz oft hört man: Führungskräfte werden Coaches. Für mich ist es passender zu sagen, dass die Führungskraft zum Gärtner wird. Eine Rose braucht ein anderes Ökosystem als - salopp gesagt - der Blattsalat im Garten. Eine Führungskraft muss sich bewusst machen, was sie anbaut, und dementsprechend ein Ökosystem gestalten, damit die Pflanze respektive der Mensch blühen kann. So entsteht Erfolg für das Unternehmen. Das Thema Empathie darf in diesem Kontext nicht außer Acht gelassen werden. Die Empathie wird zum Schlüsselfaktor für Führungskräfte der Zukunft, gerade weil in der Arbeitswelt bestimmte Beziehungen oder Elemente von Beziehungen wegfallen beziehungsweise sich auf eine digitale Ebene verlagern. Wir arbeiten mehr und mehr in virtuellen Teams, aus dem Home-Office, an unterschiedlichen Orten zu unterschiedlichen Zeiten. Wir arbeiten mit Tools wie MSTeams oder der Google G-Suite, die Einzug in den Unternehmensalltag nehmen. Das erfordert von Führungskräften, empathischer zu sein, mehr auf Mitarbeiter einzugehen und bewusst Raum für beziehungsförderliches Verhalten zu schaffen. Die Zwischenmenschlichkeit ist der wichtigste Aspekt der Führungstätigkeit, weil sich Führung im Endeffekt stets über eine Beziehung zwischen Menschen definiert – jemand führt und jemand wird geführt. Ich glaube, dass wir uns dieser Beziehung viel mehr bewusst werden müssen. Des Weiteren befinde ich den Aspekt Mut als einen ganz wichtigen KPI künftiger Führung, auch wenn er im klassischen Sinne nicht messbar ist. Führungskräfte werden mutige Entscheidungen treffen müssen, weil sie nicht jedes Mal den Luxus von fünf Proof of Concepts haben werden. Es wird Unsicherheiten geben und somit auch Risiken. Die Zukunft verlangt nach starken Führungskräften, die den Mut haben, Visionen zu kreieren und denen auch dann zu folgen, wenn sie vielleicht unpopulär sind und missverstanden werden. Manchmal müssen Führungskraft sogar den Mut aufbringen, sich gegen die eigene Organisation zu stellen - wenn Veränderung angestoßen werden muss, das Unternehmen die Not für Veränderung aber noch nicht erkannt hat. Dann braucht es starke Führungskräfte, die als Pioniere fungieren, vorangehen und neue Wege aufzeigen. Ich glaube bei CTO-Organisationen sieht man häufig, dass das momentan noch nicht klappt. Es genügt nicht, nur ein Zukunftsbild aufzuzeigen, sondern eine Führungskraft der Zukunft muss die Übersetzungsleistung schaffen und eine Brücke in die Zukunft bauen. Das bedeutet die Mitarbeiter an der Hand zu nehmen und gemeinsam einen Weg zu gestalten. Ich glaube, dass wir in der Arbeitswelt einen großen Gap zwischen den „Zukunftsbereichen" und den klassischen Bereichen erleben, die einander nicht verstehen. Es liegt an den Führungskräften, hier eine Verbindung herzustellen – die Menschen mitzunehmen, die gesamte Organisation mitzunehmen. Andernfalls entsteht eine Blase, die irgendwann platzen wird. Und das ist keine Veränderung. Veränderung kann immer nur aus dem Kern heraus geschehen. Hierfür muss ich Menschen mitnehmen.

Transformation, viele sagen fünf Prozent Digitalisierung und 95 Prozent der Mensch. Was meinst du, worauf kommt es wirklich an?

Der Meinung bin ich auch; definitiv 95 Prozent der Mensch. In den Diskussionen rund um die Digitalisierung wird häufig über Automatisierung und neue Technologien am Arbeitsplatz gesprochen - aber darum geht es im Endeffekt nicht. Technologien werden nicht den Wandel gestalten. Technologien verändern sich. Die Halbwertszeit von Technologien - oder auch von Wissen - sinkt stetig. Der konstante Faktor dieser Veränderung ist immer der Mensch. Als Menschen müssen wir Transformation gestalten. Wichtig ist nur, den Menschen auf dieser Reise mitzunehmen. Und hierfür benötigt es viel Kommunikation und Unterstützung in der persönlichen Weiterbildung. Dann glaube ich, tragen die Menschen den Wandel in den Unternehmen auch mit.

Transformation in einem Satz, wie würde dieser lauten?

Ich glaube Transformation ist nicht der Weg von A nach B, sondern die konstante Frage, wie kann B aussehen. Und das mit dem Bewusstsein, dass B ein konstanter Beta-Status ist und niemals das Endziel.

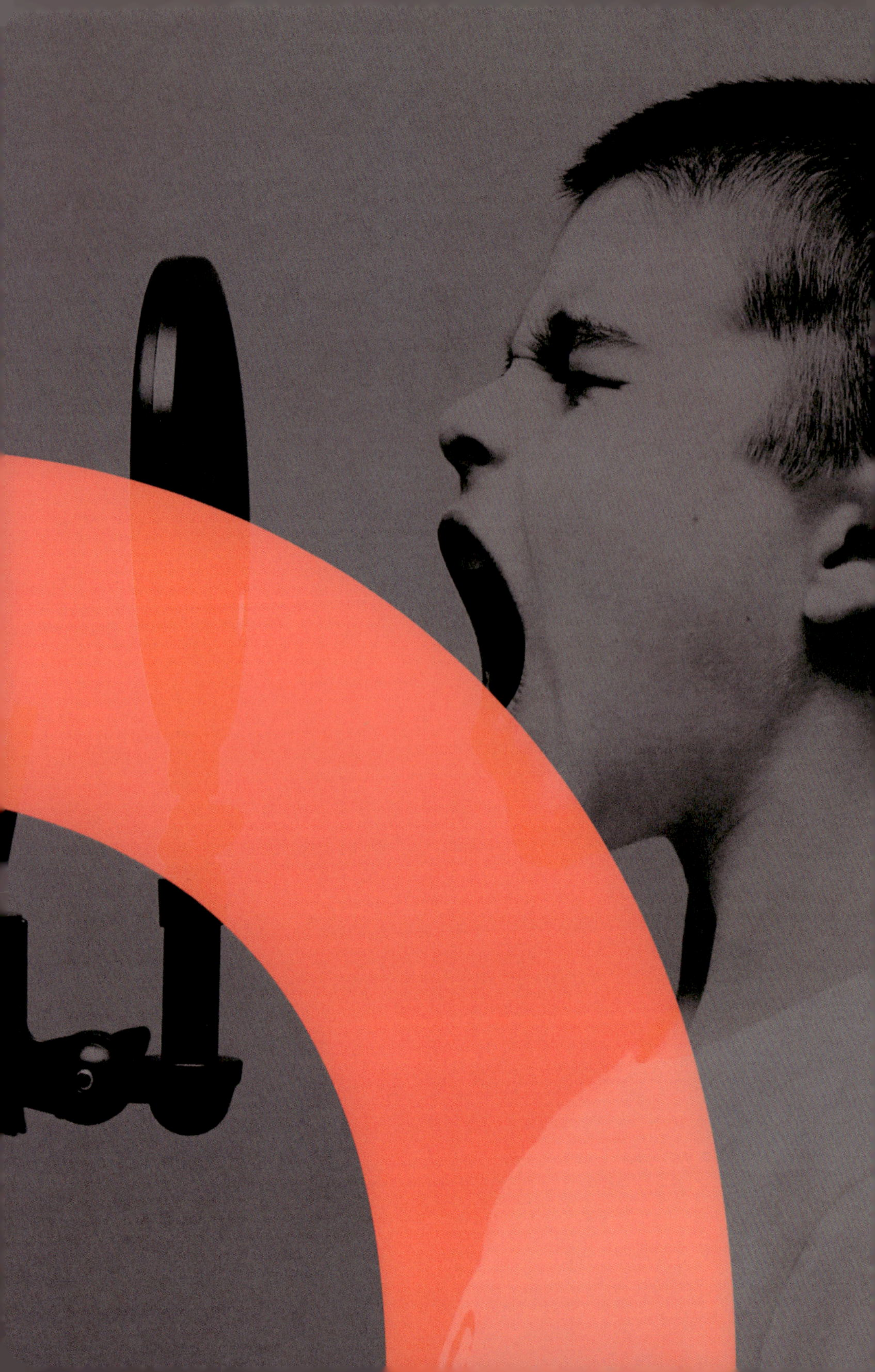

„Gerade in Krisenzeiten müssten Unternehmen in die Digitalisierung investieren, doch viele streichen aktuell eher stellen, Projekte und Budgets. Dabei zeigt eine Reihe von Studien: Mut, Ausdauer und Handeln werden belohnt. Nicht immer kurzfristig, aber ganz sicher langfristig."

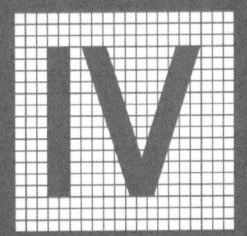

IV

Teil IV

.Wie kann ich starten?

<u>Wie komme ich vom Bekannten zum Unbekannten?</u>

Wir müssen den Wandel in Deutschland generell viel konsequenter angehen. Neue Ideen und Konzepte zur digitalen Zukunft kommen zu oft aus dem Ausland. Damit Deutschland im Jahr 2030 noch zu den technologischen Mitspielern zählt, müssen sowohl Politik als auch die private Wirtschaft die Themenfelder nachhaltig angehen. Wir haben mit Hilfe unserer deutschen Werte bereits viel geschafft, sie haben uns schon immer begleitet und sie werden auch für die Zukunft der hiesigen Wirtschaft wichtig sein. Neun Punkte möchte ich Ihnen mit auf den Weg geben, um Neues zu ermöglichen:

<u>1.</u> Fangen Sie an, am Unternehmen zu arbeiten - wo stehen Sie mit Ihrem Unternehmen, welche Kompetenzen besitzen Sie und wo entwickelt sich, nicht nur auf die eigene Branche blickend, der Markt hin? Die Zukunft kommt mit Ihnen oder ohne Sie - bereiten Sie sich vor!

<u>2.</u> Erweitern Sie Ihr Netzwerk - selektieren Sie passende Partner, externe und Mitarbeiter, um über das Morgen zu sprechen. Alleine den Herausforderungen zu begegnen ist keine Option im 21. Jahrhundert!

<u>3.</u> Seien Sie da - probieren Sie neue Technologien, Arbeitsweisen etc. aus. Nehmen Sie Chancen war - es ist immer besser, sich bewusst FÜR oder GEGEN Dinge entscheiden zu können!

4. Konzentrieren Sie sich auf Ihre Stärken - werden Sie besser in den Bereichen, in denen Sie gut sind. Stärken Sie zuerst Ihre Stärken, bevor Sie anfangen ihre Schwächen zu schwächen!

5. Investieren Sie in Ihre Mitarbeiter - Sie können das beste Geschäftsmodell haben und die effektivsten Abläufe, ohne Ressourcen können Sie aber nicht langfristig überleben. Werfen Sie daher einen genauen Blick auf Ihre aktuelle Struktur und die benötigten Ressourcen von Morgen!

6. Übernehmen Sie Verantwortung - langfristige Entscheidungen zu treffen erfordert Mut, denn Sie müssen sich gegen schnelle Rendite und Stakeholder positionieren. Kurzfristige Optimierung birgt aber Gefahren für die langfristige Daseinsberechtigung!

7. Kommunikation schafft Vertrauen - Veränderung funktioniert nur, wenn Klarheit herrscht. Hierbei hilft eine durchlaufende Kommunikation nach innen und außen. Nehmen Sie Ihre Mitarbeiter, Ihre Kunden und Partner mit auf die Reise!

8. Lernen Sie Ihre Kunden kennen - nur wer seine Kunden kennt, kann seine Produkte adäquat ausrichten. Testen Sie mit Ihren Kunden Neues, um zu analysieren, sich weiterzuentwickeln und erneut zu testen!

9. Werden Sie anpassungsfähig – im 21. Jahrhundert überlebt am ehesten derjenige, der sich schnell an wechselnde Bedingungen anpassen kann – neben den ersten acht Punkten ist es wichtig, das eigene Unternehmen anpassungsfähig aufzustellen!

Wie kann ich meine Transformation starten?

<u>Vision</u> - Die Entwicklung eines Zukunftsbildes (einer Vision) dient als Grundstein für die zu gestaltende Transformation. Zum einheitlichen Verständnis und zur ganzheitlichen internen wie externen Kommunikation ist es wichtig, ein Zielbild zu entwickeln und das WARUM hinter der Veränderung transparent zu machen. Selektieren Sie die für Ihr Geschäftsmodell relevanten Treiber. Nebst Technologie und Demografie gibt es noch weitere Einflussfaktoren, die eine starke Auswirkung auf Ihr Unternehmen haben. Zulieferer, politische Rahmenbedingungen, Kunden, Stakeholder, Interessengemeinschaften, soziale Medien, Wettbewerber anderer Branchen etc.. Ebenso gilt es, den Blick nach vorne zu wagen - wie könnte die Welt in 2030 aussehen und welche Rolle können und wollen Sie in dieser Welt spielen? Dieses Bild kann geschärft werden, indem weitere Experten aus relevanten Bereichen von Ihnen hinzugezogen werden - um Entwicklungen in Eigen- und Fremdwahrnehmung abzugleichen.

Im Anschluss ist es Ihre Aufgabe, eine Vision für das Unternehmen abzuleiten, welche zu Ihnen, Ihren Mitarbeitern und Werten passt. Erst dann können Sie sich mit einer klaren Vorstellung von Ihrer Zukunft auf den Weg machen. Und nochmals; beachten Sie die kommunikative Ebene von Anfang an als Schlüsselposition.

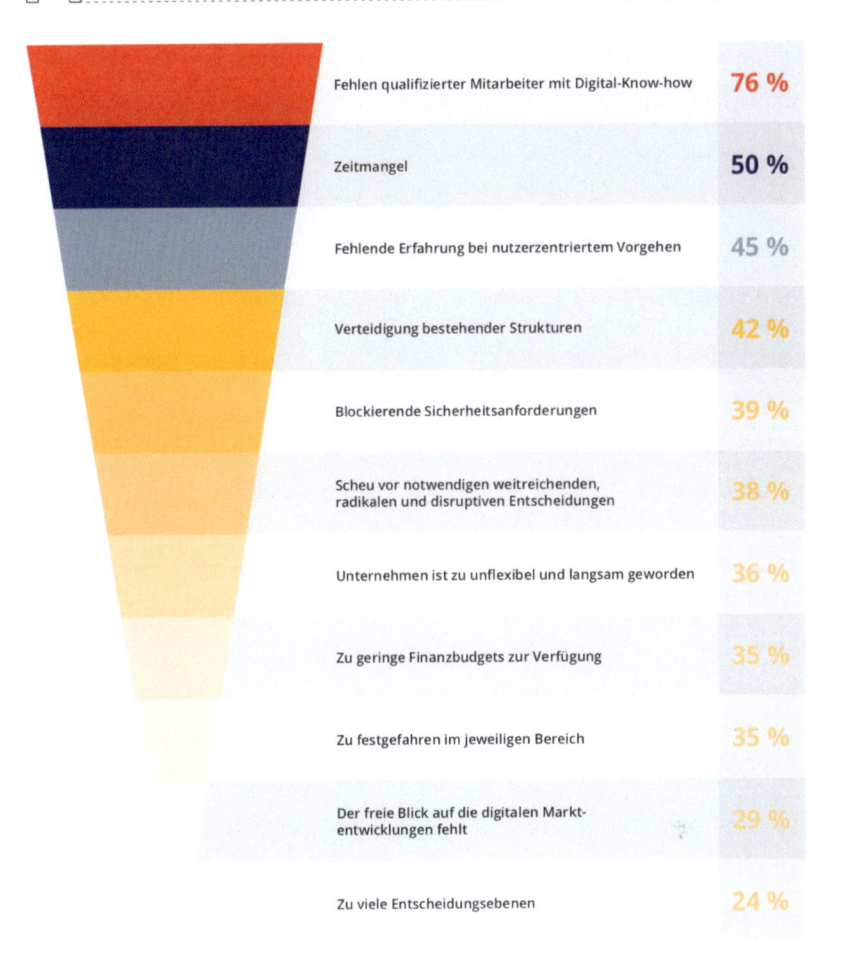

Was sind Ihrer Meinung nach die größten Hürden in Ihrem Unternehmen bei der Digitalen Transformation?

Hürde	%
Fehlen qualifizierter Mitarbeiter mit Digital-Know-how	76 %
Zeitmangel	50 %
Fehlende Erfahrung bei nutzerzentriertem Vorgehen	45 %
Verteidigung bestehender Strukturen	42 %
Blockierende Sicherheitsanforderungen	39 %
Scheu vor notwendigen weitreichenden, radikalen und disruptiven Entscheidungen	38 %
Unternehmen ist zu unflexibel und langsam geworden	36 %
Zu geringe Finanzbudgets zur Verfügung	35 %
Zu festgefahren im jeweiligen Bereich	35 %
Der freie Blick auf die digitalen Marktentwicklungen fehlt	29 %
Zu viele Entscheidungsebenen	24 %

etventure Studie „Digitale Transformation 2019"

Decission – im zweiten Schritt geht es darum, Entscheidungen zu treffen, um den Weg zur Zielerreichung zu definieren. Was ist im Unternehmen vorhanden, was braucht es, wie schnell und zu wann, was baut auf wem auf und wie kann Geschwindigkeit zur Erreichung Ihrer Ziele aufgenommen werden? Diese Fragen gilt es zu beantworten und die in diesem Zusammenhang stehenden Entscheidungen zu treffen. Es gibt unterschiedliche Methoden, die von

Unternehmensberatungen oder Zukunftsinstituten angewendet werden, wenn es darum geht, wie man vom Status Quo zur Vision kommt. Vom Benchmarking (Status Quo in die Zukunft) über Backcasting (Zukunft „zurückgerechnet" zum Status Quo) sind unterschiedliche Methoden im deutschen Mittelstand im Einsatz.

Meiner Meinung nach ist eine Kombination aus Methoden die richtige Wahl, wenn es um die erfolgreiche Umsetzung Ihrer Vision geht. Setzen Sie sich daher mit den unterschiedlichen Ansätzen auseinander und entscheiden Sie sich für die zu Ihrem Unternehmen und Ihrem Team passende Vorgehensweise. Egal für welche Methode Sie sich entscheiden, wichtig ist, dass Sie die folgenden zwei Aspekte, die für eine Transformation entscheidend sind, beachten:

· Kultur und Organisationsstruktur

· Partner, Build or Buy

Zu Beginn ist die wichtigste Frage: Habe ich zum aktuellen Zeitpunkt überhaupt die passende Struktur, Kultur, die benötigten Ressourcen (Menschen) und Hilfsmittel (Technik) zur Hand, um Veränderung im eigenen Unternehmen anzugehen? Zu 99% ist das nicht der Fall und das ist nicht weiter schlimm. Sie können sich direkt auf den Weg machen, hierbei sollten Sie aber beachten, dass Sie sich in puncto Innovation nicht ausschließlich auf...

1. Outsourcing (Partner) verlassen – hier entstehen hohe Kosten und die Identifikation der externen Dienstleister mit Ihrem Unternehmen ist minimal.

2. eigenes Knowhow setzten (Build) - die Zeit zur Ausbildung bzw. zur Befähigung Ihrer Mitarbeiter dauert lange und führt oftmals nur zu einem durchschnittlichen Level an Expertise.

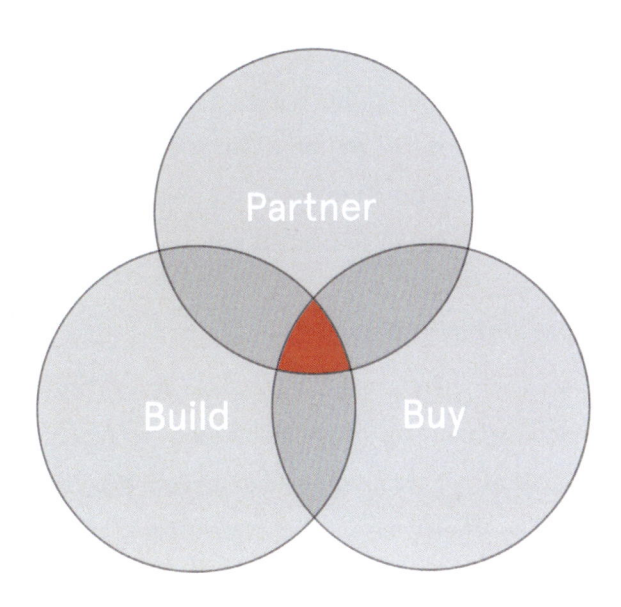

3. neue Mitarbeiter mit Expertise verlassen (Buy) – hier ist das Knowhow schnell verfügbar, jedoch die Identifikation und das Wissen zum eigenen Geschäftsmodell nicht ohne Weiteres gegeben.

Was ich damit sagen will ist, dass die Lösung einer erfolgreichen Umsetzung nicht in einer Maßnahme liegt, sondern in der Kombination.

Zudem müssen im Unternehmen Räume und Strukturen für mehr Kreativität und Eigenverantwortung geschaffen werden, die es den Mitarbeitern ermöglichen, ihr neu erlerntes Digital-Knowhow aktiv anzuwenden. Das Erfolgsrezept heißt daher zu Beginn (weiterhin): Raus aus der bewahrenden Kernorganisation und rein in einen geschützten Raum. In dieser von der Kernorganisation losgelösten Einheit ist nicht Perfektion gefragt, sondern das Testen und die schnelle Umsetzung von Innovationen und deren Weiterentwicklung nahe an den Bedürfnissen des Nutzers. Hier sollten Sie aber besonders darauf achten, dass die Kommunikation und das Arbeiten an neuen Dingen innerhalb der gesamten Organisation transparent stattfinden. Auf diese Weise wird der notwendige

Austausch zwischen Digitaleinheit und Kernorganisation initiiert. Das oberste Ziel ist, eine Brücke zwischen den Welten des klassischen und agilen Arbeitens zu bauen und dadurch alte und neue Stärken zu verbinden. Auf diese Weise können Sie die bestehende Organisationsstruktur und die Unternehmenskultur in kleinen Schritten verändern. Geschäftsmodelle oder digitale Services, die im geschützten Raum erfolgreich getestet und validiert wurden, können von der Kernorganisation übernommen und in die Prozesse implementiert werden. Hier gilt es darauf zu achten, den Mix an Themenfeldern zu finden. Zum einen gilt es, die Kernorganisation mit Adaptionen und neuen Möglichkeiten sukzessiv zu versorgen und neue Arbeitsweisen und digitale Tools in die Organisation zu bekommen, und auf der anderen Seite gilt es, die langfristige Transformation des Geschäftsmodells bzw. den Aufbau des Neuen voranzutreiben. Ebenso erachte ich es als wichtig, sich auf Co-Creation und Partnerschaften einzulassen, denn erfolgreiche Innovationen entsteht meistens im Ökosystem. Um die globalen Herausforderungen zu meistern, müssen Sie zum Ökosystemanbieter werden. Nachdem Sie definiert haben, auf welche Weise und mit welchem Team Veränderung stattfinden kann, heißt es nun, die Transformation aktiv zu treiben!

<u>Action</u> - sich nur vom Schreibtisch aus damit zu beschäftigen, welche neuen Geschäftsmodelle bei Start-ups und Wettbewerbern getrieben werden und welche Partner für eine Zusammenarbeit von Interesse sein könnten, reicht nicht. Letztlich geht es in der Umsetzung ums Machen und Erleben. In den Interviews haben wir unterschiedliche Perspektiven betrachtet, wie Sie mit Ihrer Veränderung im Unternehmen starten können und worauf sie achten sollten.

- Fangen Sie an und bleiben Sie am Ball! Im 21. Jahrhundert ist alles besser als nichts zu tun.

- Brechen Sie die große Vision auf kurz- und mittelfristig erreichbare Ziele herunter, so halten Sie die Motivation ihrer Mitarbeiter hoch und können auf Ihren ersten Erfolgen aufbauend die größeren Veränderungen angehen!

- Achten Sie auf die richtige Kombination Ihrer Teammitglieder für den Prozess! Der Mix ist entscheidend.

- Kommunizieren Sie die positiven und negativen Themenfelder. Schaffen Sie Transparenz und Vertrauen in Ihrer Organisation!

- Build - measure - learn: Sie werden an Themen, Prozessen und neuen Abläufen scheitern. Lernen Sie aus Ihren Fehlern im Prozess und verbessern Sie sich ständig.

Am Ende ist Ihre Perspektive auf Veränderung und auf das eigene Unternehmen entscheidend. Hier gilt es, die Orientierung zu behalten, und dafür ist es wichtig, die Dinge auf die richtige Weise zu lesen:

Orientierung kann so einfach sein

Von wegen. Die Wahrheit ist

Ich kann das Wichtige nocht mehr vom Unwichtigen unterscheiden

Wer hat eigentlich gesagt

Informationen machen das Leben einfacher

Es ist doch so

Weiss man noch, was wichtig ist

Nein

Werden Handy, Internet, Fernsehen und Social Media zu viel

Ja

Bei all den Informationen, die auf mich einprasseln

Kann ich da noch den Überblick behalten

Wir verlieren alle immer mehr die Orientierung

Und ich frage mich wirklich, wer heutzutage sagen kann

Ich kenne mich aus

So kann man es sehen. Und es sich bequem machen. Oder man dreht den Spieß einfach um.

Ich kenne mich aus

Und ich frage mich wirklich, wer heutzutage sagen kann

Wir verlieren alle immer mehr die Orientierung

Kann ich da noch den Überblick behalten

Bei all den Informationen die auf mich einprasseln

Ja

Werden Handy, Internet, Fernsehen und Social Media zu viel

Nein

Weiss man noch, was wichtig ist

Es ist doch so

Informationen machen das Leben einfacher

Wer hat eigentlich gesagt

Ich kann das Wichtige nicht mehr vom Unwichtigen unterscheiden

Von Wegen. Die Wahrheit ist

Orientierung kann so einfach sein.

Abschließende Worte

▪ 21. Jahrhundert, wir kommen!

Es gibt sehr viele unterschiedliche Gründe, warum ein Unternehmen sich verändern bzw. transformieren muss. Einige haben Sie in diesem Buch kennengelernt. Entwickeln Sie daher einen Fokus auf die Zukunft - in Bezug auf Ihr Geschäftsmodell. Die Vergangenheit und Gegenwart sind Faktoren, die in den Bereichen Unternehmenskultur und -struktur im Blick behalten werden muss, um die Mitarbeiter im Zuge der Transformation abzuholen und während der Reise an Bord zu halten. Vergessen Sie nicht, dass die Transformationsfähigkeit von Inspiration, Befähigung, Mindset und Durchhaltevermögen abhängig ist. Nutzen Sie die Kraft von Storytelling und visuellen Anreizen, um Ihre Botschaften passend zu transportieren. Wenn Sie es schaffen, die Kompetenzen für das 21. Jahrhundert in Ihre Organisation zu integrieren, werden Sie automatisch die Zukunft im Blick haben, die richtigen Schritte für sich selektieren und Ihr Geschäftsmodell zukunftsfähig aufstellen. Wenn Sie in Bewegung sind, lässt es sich besser navigieren.

Wir leben in turbulenten Zeiten und es gilt, die Orientierung zu bewahren. Sie können entweder der Anführer einer solchen Veränderung hinsichtlich Ihrer Geschäftsstrategie sein oder Sie erwarten von Ihrer Führung eine klare Vision, wie die Zukunft in Ihrem Unternehmen aussehen kann. So oder so ist es Ihre Aufgabe, die Themen in die gesamte Organisation zu transportieren! Machen Sie Ihren Mitarbeitern klar, was ihr eigener Beitrag dazu sein kann, dieses Unternehmen zum Erfolg zu führen. Es ist wichtig, die Teams zu stärken und sie an der Arbeit am Unternehmen zu beteiligen. Intelligente Unternehmen begleiten diese Prozesse mit passenden Partnern, um ein Gefühl für den

Puls der Veränderung und eine Wärmekarte der Reibung zu haben - denn wie wir alle aus unserem persönlichen Leben wissen: Verhaltensänderungen sind schwierig, gemeinsam allerdings möglich.

Ich freue mich...

...dass ich Sie mit meinem Buch ein Stück auf Ihrem Weg der Veränderung und Herausforderung begleiten durfte. Ich wünsche mir, dass Sie die für Sie relevanten Informationen, Impulse und möglichen Ansprechpartner herausziehen konnten. Das größte Potential liegt in uns und das gilt es zu nutzen!

Ich danke allen...

...die mich bei der Umsetzung dieses Buches unterstützt haben. Das Buch ist mit Hilfe von beeindruckenden Persönlichkeiten und wahren Veränderern entstanden. Danke an Jürgen Walleneit, der mir bei der gesamten Umsetzung mit seinem Team (Elena und Alexandra) zur Seite stand. Danke Tina Voß, Claudia Bechstein, Jürgen Walleneit, Thomas Ötinger, Benjamin Bartoli, Johann Freilinger, Joi Regenstein, Dr. Andre Größer, Christian Zingg, Philipp Nieberle, Julian Knorr, Paul Nitsche, Tea Meiner, Barbara Possinke, Andre König, Stephan Grabmeier, Frank Legeland, Dr. Sabine Johannsen, Kai Gondlach, Aileen Möck, Martin Fröhlich, Jonas Lindemann, Oliver Fedtke, Saskia Grossmann, Dr. Michael Durst, Nicola Breyer, Frederik Peters, Christian Wehner und Florian Ahle für den Input und euer Engagement. Danke an Steffen Köritz für die grafische Gestaltung des Buches sowie Markus und Michaela für die Unterstützung im Lektorat. Der größte Dank geht an meine Frau, die mich auf meinem Weg begleitet und mich dabei unterstützt, meinen Traum zu leben!

Was andere über mich sagen...

„Sven Göth ist eine inspirierende Stimme in den sich verändernden Lebens- und Arbeitswelten!"

Unternehmen und Institutionen, die sich neu ausrichten, werden von mir mit Impulsen und Lösungsansätzen unterstützt. Mit dem Kernfokus auf digitale Transformation, Disruption und den sich verändernden Lebens- und Arbeitswelten entwickle ich gemeinsam mit meinen Kunden zukunftssichere Geschäftsmodelle und Strategien. In Keynotes und Vorträgen vermittle ich inspirierende Impulse für Ihre Mitarbeiter und Kunden.

Über 200 Vorträge vor rund 100.000 Menschen in über 200 Unternehmen, Lehre an europäischen Universitäten und Hochschulen, über ein Dutzend Firmengründungen, anhaltende Berater- und Coaching-Tätigkeiten und immer neue Impulse und Inspiration für Wirtschaft und Gesellschaft - das ist Sven Göth.

Sven Göth

Futurist | Keynote Speaker | Expert
CEO & Founder, Digital Competence Lab

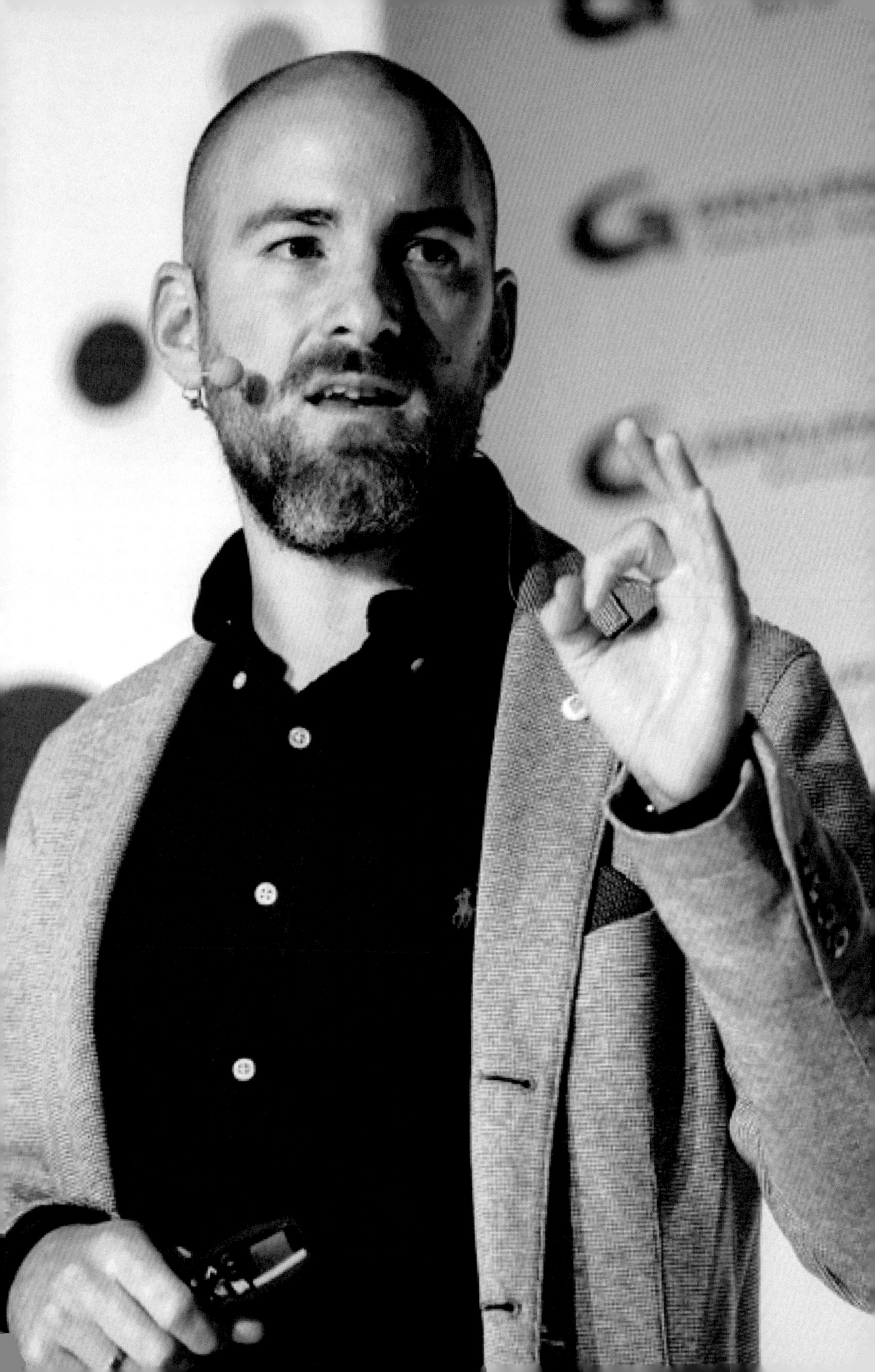

Mit meinen Vorträgen möchte ich Ihr Bewusstsein für Veränderung schärfen und wertvolle Impulse an Sie vermitteln. Mit meiner Erfahrung und Performance können Sie bei Ihrer Veranstaltung ein besonderes Highlight setzen. Lassen Sie uns gemeinsam Ihr Publikum begeistern und mit auf eine atemberaubende Reise nehmen.

Zukunft kann so einfach sein
Lebens-, Arbeits- und Kundenwelten der Zukunft

Kompetenzen für das 21. Jahrhundert
Erleben Sie das Buch - live auf Ihrer Bühne

Weitere Informationen und Möglichkeiten der Zusammenarbeit unter:

www.svengoeth.com | mail@svengoeth.com

Digital Competence Lab

Gemeinsan Zukunft gestalten.

Mit dem Digital Competence Lab, einem dezentralen Expertennetzwerk, möchte ich dem deutschen Mittelstand unter die Arme greifen. Wir sind Experten aus den unterschiedlichsten Bereichen, die differenziertes Wissen und vielfältige Ansätze vereinen, um Sie bei Ihrem nächsten Schritt zu begleiten, Sie zu befähigen, den nächsten Schritt zu gehen. Wir sind Impulsgeber, Befähiger und Ihr Begleiter im Bereich der Transformation.

Unsere Kompetenzen sind individuell und in unterschiedlichster Weise miteinander verbunden. Über 65 Partner mit dem Ziel, Ihre Branchen zu unterstützen und zu transformieren, um das Beste aus den bevorstehenden Veränderungen herauszuholen. Wir kombinieren die besten Branchenerfahrungen, um Lösungen für Ihre Herausforderungen zu entwickeln. Lernen Sie uns kennen…

www.digitalcompetencelab.de I mail@digitalcompetencelab.de

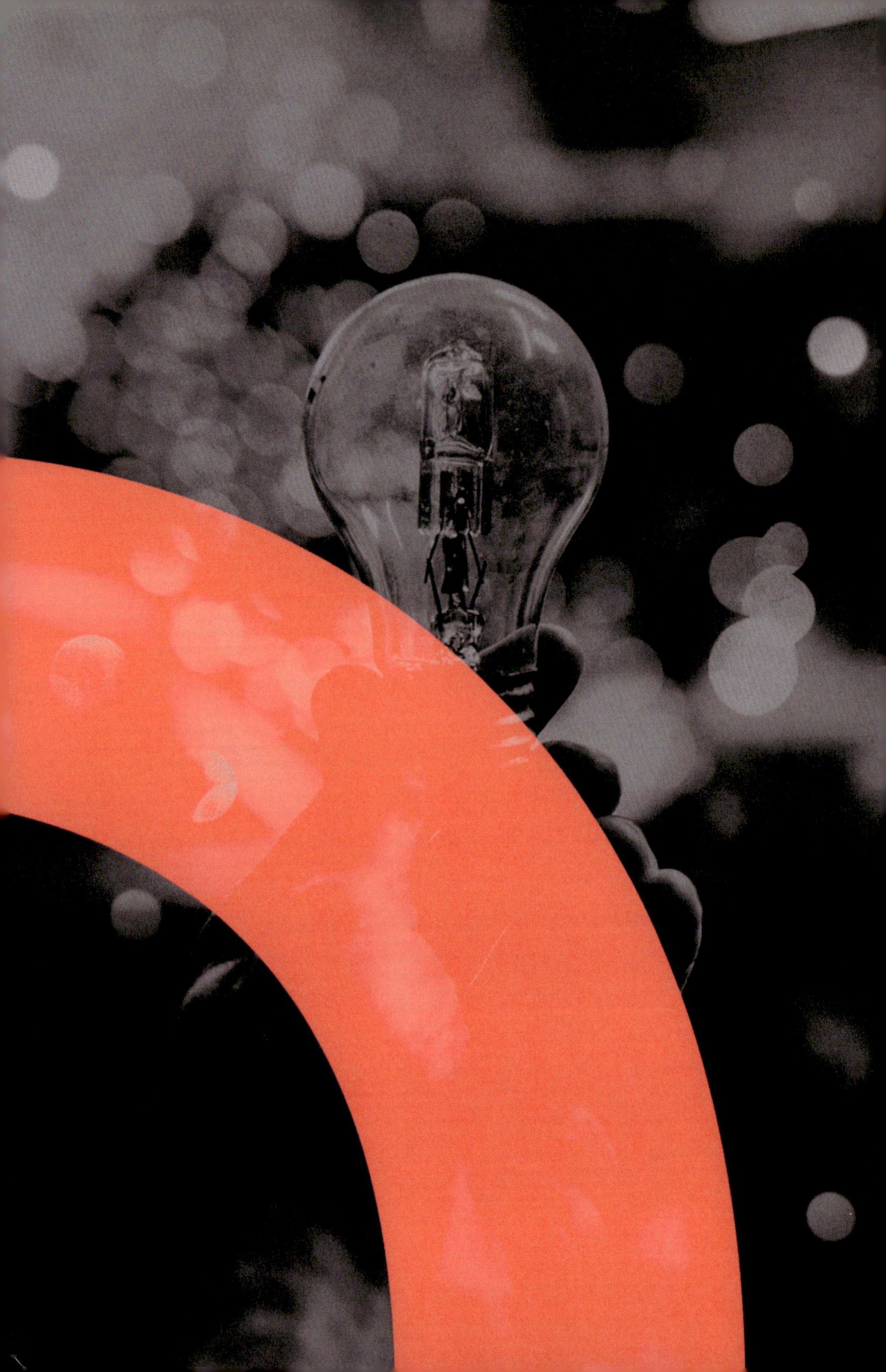

―――――

„Die Glühbirne ist nicht aus der ständigen Weiterentwicklung von Kerzen entstanden."

Oren Harari

Quellen und Impressum

.Quellen und Hintergrund

- Studien und Analysen von 2b Ahead, Gartner und dem Zukunftsinstitut
- etVenture Studie 2019 „Digitale Transformation"
- World Economic Forum „Global Risk Report 2020"
- Accenture Studie „Legacy-or-Legend"
- Skizzen aus meinen Reden (gezeichnet von Tanja Föhr)

.Impressum

Das Werk einschließlich aller seiner Teile ist urheberrechtlich geschützt. Sie können kopiert und mit anderen geteilt werden, vorausgesetzt der Autor wird als Urheber genannt. Nicht erlaubt sind die Veränderung und kommerzielle Nutzung der Texte und Abbildungen.

Trotz sorgfältiger Kontrolle übernehme ich keine Haftung für die Inhalte externer Links. Für den Inhalt externer Seiten sind ausschließlich die Betreiber verantwortlich.

<u>Autor:</u> Sven Göth
<u>Lektorat:</u> Markus Szaszka und Michaela Haslinger
<u>Cover und Design:</u> Steffen Köritz
<u>Druck:</u> Bookstation

―――

„Veränderung ist keine Einzelsportart, sondern Teamsport"

II

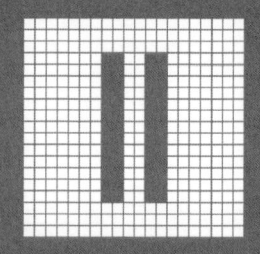